Dr E. PERCHAUX

HISTOIRE

DE

L'HOPITAL DE LOURCINE

PARIS

SOCIÉTÉ D'ÉDITIONS SCIENTIFIQUES

4, RUE ANTOINE DUBOIS, 4

Place de l'École de Médecine

1890

HISTOIRE

DE

L'HOPITAL DE LOURCINE

Dᵣ E. PERCHAUX

HISTOIRE

DE

L'HOPITAL DE LOURCINE

PARIS

SOCIÉTÉ D'ÉDITIONS SCIENTIFIQUES

4, RUE ANTOINE DUBOIS, 4

Place de l'École de Médecine

1890

INTRODUCTION

Nous avons pris comme titre, *Histoire de l'hôpital de Lourcine,* nous aurions peut-être dû dire « *des hôpitaux de Lourcine* », comme on le verra par la suite.

Le bon accueil fait aux différentes histoires des Hôpitaux de Paris, publiées dans ces derniers temps, nous avait donné l'idée, pendant les deux années que nous avons passées à l'hôpital de Lourcine, auquel nous étions attaché, qu'il pourrait être intéressant de retracer l'histoire de ces vieux bâtiments. Nous avons fait part de cette intention à notre excellent maître, M. le professeur Laboulbène, qui nous a conseillé d'en faire le sujet de notre thèse inaugurale.

A peine avions-nous commencé nos recherches que nous avons été frappé du désaccord qui régnait entre les différents historiens de Paris sur l'origine de cet hôpital. Quelques-uns, en effet, le font remonter à 1559. Il nous a suffi de consulter les archives de l'hôpital, pour acquérir la conviction qu'il existait autrefois un hôpital de Lourcine, n'ayant rien de commun avec l'hôpital actuel. L'hôpital actuel occupe l'emplacement de l'ancien couvent des Cordelières et nous avons aujourd'hui la certitude que l'ancien hôpital occupait, rue de Lourcine, un autre emplacement que ce couvent. L'ancien hôpital fut à une certaine époque destiné aux vénériens (c'est peut-être de là que vient la confusion) ; mais il a d'ailleurs subi di-

verses transformations, que nous passerons en revue.
Pour rétablir la place exacte de ces deux hôpitaux, nous
avons été obligé de suivre pas à pas, la formation du faubourg Saint-Marcel, depuis son origine. Nous espérons,
que ceux, qui prendraient à la lettre, notre titre « *Histoire de l'hôpilal de Lourcine* » ne nous reprocheront pas
de sortir de la question, en leur retraçant rapidcment
l'histoire si intéressante de ce vieux quartier de Paris.

Nous avons cru devoir diviser notre travail en quatre
parties :

I. — Le faubourg Saint-Marcel, son origine, sa formation, son administration, ses rues, le fief de Lourcine.

II. — L'ancien hôpital de Lourcine. L'école de Pharmacie :

III. — Le couvent des Cordelières.

IV. — L'hôpital de Lourcine actuel.

Qu'il nous soit perulis d'adresser ici, à notre très cher
maître, M. le professeur Laboulbène, l'expression de notre
vive reconnaissancepour la bienveillance qu'il n'a cessé
de nous accorder pendant toutes nos études et pourl'honneur qu'il nousa fait en acceptant la présidencede notre
thèse.

Que M. le Dr Pozzi, notre maître à l'hôpital de Lourcine,
veuille bien croire à notre gratitude pour le bienveillant
intérêt qu'il nous a toujours porté.

Nous ne saurions trop remercier M. Peyron, directeur
de l'Assistance publique etM. Richer, directeur de Lourcine, qui ont bien voulu nous communiquer tous les documents administratifs et faciliter nos recherches.

CHAPITRE Ier

LE FAUBOURG SAINT MARCEL

Son origine. Sa formation. Le fief de Lourcine.

Pendant la période romaine la partie méridionale de Paris appelée *Lucotitius* ou *Lucotitie* était traversée par plusieurs routes allant à l'île de la Cité, appelée *Lutetia*.

Parmi ces voies deux seules sont connues. La principale, partant du Petit-Pont et suivant la direction de la rue St-Jacques, longeait à droite l'enceinte du palais des *Thermes*.

La seconde voie naissait de la précédente à peu près a l'endroit où la rue Galande débouche dans la rue St Jacques et suivant la direction de cette première rue et de la rue de la Montagne Ste-Geneviève, s'élevait au milieu des vignobles jusqu'au plateau.

Arrivée à ce point, elle avait à sa gauche un lieu appelé *les Arènes* destiné aux spectacles publics.

A droite et sur l'emplacement même de l'édifice du *Panthéon,* étaient des exploitations de terres propres à la poterie et une fabrique de vases romains.

Cette voie suivait ensuite la direction de la rue Mouffetard et traversant le champ des sépultures aboutissait à un lieu appelé *Mons Cétardus.*

Ce lieu a reçu dans la suite, le nom de St-Marcel ; mais la rue qui y mène a conservé, à quelques altérations près, sa dénomination antique.

De *Mons Cetardus* on a fait *Mont Cétard*, puis *Mouffetard*.

Cett étymologie me semble plus vraisemblable que celle donnée par Edouard Fournier. (1) «A proximité de la porte St-Marcel, dit-il, s'élevait une butte d'immondices. Ce *Copeau*, ce qui siguifiait butte, est devenu le montueux labyrinthe du Jardin des Plantes. Les exhalaisons malsaines qui s'échappaient de cet amas de gadoues et qui portent depuis très longtemps le nom spécial de *moffettes* ou *mouffettes*, avaient fait donner à la longue rue qu'infectait leur voisinage, le nom de *Mouffetard*. »

Il est certain que *Saint Marcel*, 9e évêque de Paris, fut enterré vers l'an 436 sur une éminence nommée *Mons Cétardus* ; mais on ne trouve nulle part qu'on y eut dès lors édifié une chapelle et formé un cimetière public. La coutume des Romains, que l'on suivait encore à cette époque, était d'enterrer les morts hors des villes et sur les grands chemins et l'on trouve effectivement que le lieu de la sépulture de Saint Marcel était sur le bord de la route qui conduit en Bourgogne. Saint Marcel l'enfant de la Cité, devenu évêque de Paris, était en grande vénération auprès des Parisiens (2). Son principal titre à leur reconnaissance fut d'avoir délivré la ville d'un dragon monstrueux qui la désolait au Ve siècle. Le bruit se répandit que des miracles

1. Ed. Fournier, *Enigmes des rues de Paris*. Paris. 1860. 50.
2. H. Jourdan de Genouillac. *Paris à travers les siècles* Paris 1882, I .. 39 2.

s'opéraient sur le tombeau du saint, tout le monde y courut et les chrétiens élevèrent sans doute par la suite une chapelle ou un oratoire sur son tombeau. Bientôt des habitations se construisirent dans les environs et ainsi se forma peu à peu le bourg, que Grégoire de Tours appelle simplement et comme par excellence, le bourg de Paris, *vicus parisiensis Civitatis* (*de gloria confess. cap.* 89).

Ce bourg en s'accroissant, perdit son nom primitif de Mons Cétardus et prit le nom de *Champ-Bois* ou *Chambois*

Il eut sa juridiction particulière et fut même entouré de fossés.

Suivant quelques historiens cette chapelle aurait été fondée par Saint Denis et dédiée à Saint Clément. Le paladin Roland, comte de Blaye, neveu de Charlemagne, aurait en l'honneur de Saint Marcel transformé cette chapelle en église et il aurait fait bâtir cette église sur la fin du VIIIe ou au commencement du IXe siècle (1). Charlemagne y fit aussi de grands biens et y mit des chanoines, auxquels il donna de grands privilèges.

Le premier titre qui parle de cette antique chapelle d'une manière positive (2), est un contrat fait en 811 entre le Chapitre de Notre-Dame et Etienne, comte de Paris.

En l'an 847, le clergé de St-Marcel possédait déjà une terre près d'Essonne.

Une charte de Charles le Simple de 918 confirme aux chanoines de St-Marcel la restitution ou donation que

1. Delamare, *Traité de la police* 1722.
2. De Gaulle, *Nouvelle histoire de Paris*, 1839, I, 212.

leur avait faite l'évêque Théodulphe, de plusieurs maisons ou métairies situées autour de leur église.

Cette charte nous apprend qu'Injelvin, évêque de Paris, mort en 883, leur avait donné quinze maisons près de leur église ; que les désastres causés par les Normands, lorsqu'ils assiégèrent la ville de Paris, forcèrent Anschéric, un de ses successeurs, à reprendre ces maisons qu'il donna à l'un de ses vassaux ; et, qu'après sa mort, Théodulphe jugea à propos non-seulement de les rendre, mais encore d'en ajouter une de son propre domaine. Cette propriété de terrains que les évêques de Paris avaient à St-Marcel pourrait faire présumer que ce saint lui-même y avait sa maison de campagne, laquelle aura appartenu depuis à ses successeurs.

Ce qu'il y a de certain, c'est que les évêques de Paris ont souvent demeuré au cloître St-Marcel. Il existe plusieurs actes qui sont datés de cet endroit ; et, anciennement on lisait l'inscription : *Domus episcopi*, sur la porte de la maison affectée au doyen de cette collégiale.

Ce fut vraisemblablement sous l'épiscopat de Gozlin, mort en 886, que la crainte des profanations qui marquaient partout le passage des Normands, fit transporter la Châsse de St-Marcel à Notre-Dame où elle resta.

Le corps de St-Marcel n'étant plus dans son église, ne pouvait y opérer de miracles ; la pierre de son tombeau y suppléa. Suivant un ancien usage, dont parle Grégoire de Tours, on râclait cette pierre, et sa poussière infusée dans un verre d'eau, dévotement avalée, passait pour un puissant spécifique contre plusieurs maladies (1).

1. Dulaure, *Histoire de Paris*, 1839, I, 124.

L'église de St-Marcel, ruinée par les Normands, fut reconstruite vers le milieu du XI° siècle et devint collégiale.

Le caractère des parties les plus anciennes de cette église, celui des chapiteaux, des colonnes de l'église souterraine ou crypte, située sous le chœur, convenait parfaitement à cette époque.

Les chapiteaux avaient été transférés au musée des monuments français. Ils sont aujourd'hui déposés dans une des cours du palais des Beaux-Arts.

Au milieu du chœur se voyait un tombeau, celui de Pierre Lombard, surnommé le maître des sentences, mort en 1164. Sur ce tombeau, élevé de deux pieds, se trouvait la figure en bosse d'un évêque, avec cette inscription autour :

Hic jacet (1)
Magister Petrus Lombardus,
Parisiensis episcopus,
Qui composuit librum sententiarum,
Glossas psalmorum, et epistolarum
Cujus obitus dies est 13. Cal. Aug.

En 1790, cette église fut supprimée ; elle fut démolie en 1804, et l'on recueillit, outre les chapiteaux, un bloc de pierre de St-Leu de quatre pieds de long. Il était, avant la démolition, placé à un des angles du clocher. Une de ses faces présente, en demi-relief, grossièrement sculpté, un taureau couché.

Suivant la tradition populaire, cette pierre fut placée

1. Le Maire, *Paris ancien et nouveau*, in-12, 1685, II, 106.

en ce lieu comme un monument de la vertu miraculeuse de saint Marcel.

Un bœuf échappé, dit-on, des boucheries, parcourait les rues de Paris et y répandait l'effroi et la mort. Les Parisiens vinrent alors implorer l'assistance de saint Marcel. Aussitôt accourut le saint, revêtu de ses habits pontificaux ; à son approche, l'animal furieux s'apaisa et vint se coucher aux pieds du saint évêque.

L'abbé Lebeuf (1) a considéré ce taureau comme un objet sacré du paganisme ; M. Lenoir, dans une dissertation qu'il a publiée à ce sujet, y voit le taureau céleste ou l'image du printemps.

Dulaure présume que le bas-relief était la partie infé- d'un de ces monuments du dieu-soleil Mithra, dont plusieurs existent en France. Un pareil a été découvert dans l'emplacement de Notre-Dame-des-Champs. Cette pierre, transférée avec les chapitaux au Musée des monuments français, a depuis été placée dans les salles des Antiques au Louvre.

Le chapitre de l'église de Paris s'arrêtait devant l'église St-Marcel (2) pour y chanter une *Antienne*, dans la procession qu'il faisait tous les ans, le jour de l'Ascension, où l'on portait la châsse du saint.

Le chapitre de St-Marcel avait droit de cens et douze deniers parisis de rente à prendre par chacun an sur une maison sise rue de la Calende, où l'on dit que saint Marcel fut né.

1. Lebeuf, *Histoire de Paris*.
2. Le Maire, *loc. cit.* II, 105.

En l'an 1238 (1), le doyen et les chanoines de St-Marcel avaient des serfs et main-mortables dans le bourg de ce nom, dans les villages de Vitry, d'Ivry, de Laï, de *Theodosium* (Thiais) ; ils en affranchirent, par un seul acte, plus de 150, leurs femmes, leurs enfants et leur postérité.

Le chapitre de St-Marcel avait la préséance sur les deux autres, qui, comme lui, étaient qualifiées du nom de *filles* de l'archevêque (2). Le chapitre nommait le doyen et les chapelains et avait en outre le droit de nommer aux cures de St-Martin, de St-Hilaire, de St-Hippolyte et à celle de St-Jacques du Haut-Pas, conjointement avec le chapitre de St-Benoit.

Ce chapitre avait droit de justice haute, moyenne et basse, sur le bourg St-Marcel, le mont St-Hilaire et une partie du faubourg St-Jacques. On appelait cette juridiction la *châtellenie St-Marcel*. A cet effet, étaient constitués (3) un bailly, un procureur fiscal, un greffier et les autres officiers nécessaires pour faire exercer la justice ; mais le roi a réuni ce droit au nouveau chastelet, qu'il créa l'an 1674. En 1725, M. Colonne-Dulac obtint que le chapitre aurait la haute justice dans l'étendue du cloître et la moyenne dans tout ce qui composait sa seigneurie, laquelle s'étendait assez avant dans la plaine d'Ivry.

L'audience se tenait dans une maison du cloître.

1. Dulaure, *loc. cit.* I, 473.
2. De Gaulle, *loc. cit.* I, 214,
3. Le Maire, *loc. cit.*, II, 105.

Dans le cloître existait un séminaire exclusivement réservé aux prêtres de l'église St-Marcel (1).

Ce fut dans ce cloître, suivant l'abbé Lebeuf, que des chirurgiens et plusieurs ecclésiastiques se réunirent pour vérifier un grand nombre de reliques ou ossements de saints inconnus envoyés de Rome à Paris. Ces reliques furent toutes déclarées fausses (2).

Nous voyons par ces quelques détails l'importance que possédait le chapitre de St-Marcel dans cette région qui est devenue le faubourg St-Marcel.

Au XII⁰ siècle (3), l'espace compris entre la rue St-Jacques et l'église dédiée à saint Médard n'était à peu près occupé que par des vignes, et n'eussent été les églises et les couvents, les habitants n'auraient trouvé aucun centre pour s'agréger. Parmi ces églises étaient l'église St-Marcel, dont nous venons de parler, et l'église St-Médard, dont nous dirons quelques mots.

Au milieu de cette campagne coulait la rivière de Bièvre. Cette rivière prend sa source à quatre lieues de Paris, près du bourg de Bièvre.

Voici ce qu'en dit Sauval (4) :

« La rivière des Gobelins est très petite, néanmoins ses débordements sont si grands qu'elle n'a que trop de fois désolé et assez souvent même le faubourg St-Marceau. On l'appelait autrefois la rivière de Bièvre et la ri-

1. Béraud et Dufey, *Dict. historiq. de Paris*, 1828, 432.
2. Dulaure, *loc. cit.*, I, 126.
3. V. Herbin, *Lutèce et Paris*, 1847, p. 98.
4. Sauval, *Histoire de Paris*, I, p. 209.

vière de Gentilli, à cause qu'elle passe par deux villages de ce nom-là. »

« Rabelais, qui se raille de tout, la fait venir du pissat des chiens, à qui un jour, se trouvant tous assemblez, ou du moins la plupart, il prit une telle envie de lâcher de l'eau, que pissant sans cesse dans son canal, les cannes y auroient bien nagé. »

En 1579, le 9 avril, elle dépassa St-Médard et l'église des Cordelières, où l'eau arriva jusqu'au grand autel.

Elle fit tant de ravages, qu'on appela cette inondation le déluge St-Marcel (1).

Au commencement du XIIIe siècle (2), *Evrard de Lour-cine* et quelques autres firent bâtir aux environs de St-Marcel et dans le terroir de Moufetard, qui était en vignes (3).

Dès 997, les rois Robert Ier, Henri Ier, Philippe Ier, en confirmant les biens, privilèges et franchises de l'abbaye de Sainte-Geneviève, provenant de la fondation de Clovis Ier, roi chrétien et de ses successeurs, spécifient le bourg de St-Médard, qui est appelé dans les anciens titres *Burgum Sancti Medardi*. Mais ce bourg ne consistait dans les premiers temps qu'en terres labourables, clos

1. Déluge et inondation d'eaux fort effroyable advenu ès faulx-bourgs S. Marcel à Paris, la nuict précédente jeudy dernier, neufiesme avril an présent 1579. Orléans, 1579.

2. Delamare, *Traité de la police*, I, p. 94.

3. Evrard de Lourcine possédait, en 1256, des vignes qui s'étendaient jusqu'à la Tombe-Ysoire, où passe le grand chemin d'Orléans (Sauval, I, 368).

et jardins. Plus tard, vers la fin du XV⁰ siècle, il fut par-
tagé en quatre principaux quartiers, celui de St-Médard,
de St-René, de Richebourg et de Loursine.

Le bourg, qui s'était formé autour de l'église St-Marcel et qui en avait reçu le nom, était séparé de celui de
St-Médard par la rivière de Bièvre. Le bourg de St-Marcel est mentionné dans des lettres de Philippe-le-Bel,
données en 1287 (1). Il s'accrut tellement par la suite,
qu'il reçut le nom de *ville*, et c'est sous ce titre qu'il est
désigné dans les lettres patentes de Charles VI de l'année 1410 (2). Le roi, par ces lettres patentes, confirme
*l'octroi par lui fait aux manants et habitants d'icelle ville de
St-Marcel, d'un marché chaque semaine et de deux foires par
an.*

C'est par la rue Mouffetard qu'on venait de Paris à la
ville de St-Marcel. On passait alors par la porte St-Marcel, située à l'extrémitié méridionale de la rue Bordet,
aujourd'hui nommée rue Descartes. C'était une des portes de l'enceinte de Philippe-Auguste. Elle porta aussi
les noms de Bordet ou Bordelle, de la famille Bordelle,
très connue au XIII⁰ siècle.

Cette porte était munie de tours et de ponts en char-
pente. Elle fut démolie au mois de juillet 1686 en même
temps que la porte St-Victor (3). On voyait, rue des Fos-
sés-St-Marcel, au coin de la rue Mouffetard, la fausse porte
St-Marcel ; c'était la porte du bourg St-Marcel.

1. De Gaulle, *loc. cit.*
2. Béraud et Dufey, *Diction. historiq. de Paris,* 1828, I. 432.
3. Dulaure, I, 368 ; De Gaulle, III, 559.

L'an 1520, Albiac, l'un des élus de Paris, vendit son clos de vignes nommé du Chardonnet (1). Les acquéreurs y continuèrent la rue Mouffetard et y firent bâtir pendant vingt ans quelques rues (Françoise, Triplet, etc.), qui joignirent à Paris la petite ville de St-Marcel, et la mirent au nombre de ses faubourgs sous le règne de François Ier.

Le faubourg St-Marcel fut compris entre les bornes qui limitaient Paris sous Louis XIII (2), par un arrêt du Conseil rendu en 1638 et qui désignait les lieux où les bornes seraient placées dans toute la circonférence de la ville.

Par une déclaration du roi du 12 décembre 1702, il y eut une nouvelle division de Paris en vingt quartiers. Le faubourg St-Marcel fit alors partie du quartier de la place Maubert (3).

Avant 1790, ce faubourg était encore séparé de la ville par l'ancienne enceinte de Philippe-Auguste (4).

Par un décret de la Convention du 19 vendémiaire an IV, Paris fut divisé en douze *municipalités* ou mairies et chacune fut composée de quatre quartiers. Le quartier St-Marcel faisait partie du 12e arrondissement (5).

Aujourd'hui, ce faubourg, appelé quartier des Gobelins, fait partie du 13e arrondissement. C'est un quar-

1. Delamare, I, 95.
2. Piganiol de la Force, I, 29. *Hist. de Paris*, 1742.
3. Delamare, *loc. cit.*
4. Béraud et Dufey, *Dict. historiq. de Paris*, I, 432.
5. Dulaure, IV, 251.

tier très riche et très populeux. Ses laborieux habitants exploitent principalement, avec le plus grand succès, la tannerie, la brasserie et la filature de laine et de coton.

Le faubourg St-Marcel ne fut pas toujours tranquille. Ses habitants avaient aussi des mœurs particulières. Il suffit, pour s'en convaincre, de lire la description si intéressante qu'en fait Mercier dans son tableau de Paris.

Citons quelques récits historiques (1) :

En 1229, des écoliers vont au faubourg St-Marceau ; après avoir joué, ils entrent dans un cabaret, y disputent ensuite sur le prix du vin qu'ils ont bu et frappent violemment le cabaretier. Les voisins viennent à son secours, dégagent celui-ci des mains de ses agresseurs, et mettent en fuite les écoliers, dont plusieurs furent battus et même blessés.

Le lendemain, ces étudiants, irrités, pensent à la vengeance, s'attroupent, s'arment de bâtons, vont au faubourg St-Marceau, dévastent entièrement la maison du cabaretier, brisent ses meubles et répandent tout son vin, puis, comme des furieux, parcourent les rues, frappant, blessant, tuant même tous ceux qu'ils rencontrent, sans distinction ni d'âge, ni de sexe. Le prévôt de Paris, averti, vient avec ses archers pour arrêter les coupables. Il trouve des écoliers qui jouent, il fond sur eux avec sa troupe. Les écoliers résistent et plusieurs d'entre eux sont blessés et quelques-uns tués.

1. Dulaure, I, 463.

L'Université alors suspendit ses exercices, demanda réparation, ne l'obtint point et cessa entièrement les cours. Les professeurs et les écoliers sortirent de Paris et se dispersèrent en divers pays. Deux années entières s'écoulèrent et ce ne fut qu'en 1231 que cette corporation fut rétablie dans sa précédente activité.

Les habitants du faubourg St-Marcel, d'un côté, et ceux des faubourgs St-Jacques et de N.-D -des-Champs, de l'autre, étaient entre eux dans un état de guerre continuelle. Ils se battaient, rompaient les clôtures, dévastaient les propriétés.

Le parlement n'eût d'autres moyens à opposer que de défendre, le 11 octobre 1552, les rassemblements, et de faire planter quatre potences dans le faubourg St-Marcel et deux autres dans les faubourg St-Jacques et N.-D. des Champs.

En 1561, sous François II les protestants s'étaient réu nis dans leur temple du faubourg St-Marcel le 27 décembre. Les prêtres de l'église St-Médard pour les contrarier dans leur assemblée, mirent en branle toutes leurs cloches : ce qui produisit un bruit qui les empêchait d'entendre leur prédicateur. Deux protestants furent envoyés à St-Médard pour prier le curé et le sacristain de faire cesser cette sonnerie incommode. Un des envoyés fut tué. Il en résulta un désordre indescriptible. L'église St-Médard fut assiégée. Les cloches continuaient leur tintamarre et les protestants craignant qu'au bruit du tocsin le peuple de Paris ne se portât en foule contre eux, menacèrent de mettre le feu au clocher. A cette menace la sonnerie cessa.

Sous Louis XVI, le 14 février 1792, les femmes du faubourg St-Marcel furent excitées à se soulever et à piller un magasin de sucre, situé rue des Gobelins derrière l'église St-Hippolyte et appartenant au sieur Moinery. Au moment où ce particulier faisait transporter sa marchandise, une voiture qui en était chargée fut arrêtée par ces femmes qui débitèrent quatre barils de sucre à vingt sous la livre (1).

Le lendemain nouveau rassemblement de femmes ; elles se portent au même magasin et demandent du sucre au même prix. Un détachement de cavalerie se présente, trouve la rue barricadée ; il force le passage le sabre à la main. Quelques particuliers montent au clocher de l'église St-Marcel, sonnent le tocsin. Une foule innombrable accourt ; on bat la générale, on fait retirer du clocher les sonneurs. Quelques heures après, la porte du clocher est enfoncée, et la cloche fait de nouveau entendre son tintement sinistre. Un détachement d'environ deux cents hommes fait descendre du clocher les sonneurs séditieux. La municipalité s'y rend en force et parvient à faire restituer le sucre et à dissiper l'attroupement.

Eglises du faubourg Saint-Marceau.

Au XVIIᵉ siècle Colletet (2) nous donne la liste des églises du faubourg St-Marcel. Nous y trouvons :

La chapelle de Ste-Valère ou Valérie, vierge et martyre,

1. Dulaure, IV, 10.
2. Colletet, *La Ville de Paris*, in-12, 1671.

qui est une aumônerie, rue de Lourcine, faubourg St-Marcel.
C'est la chapelle de l'ancien hôpital de Lourcine.

L'église des religieuses de Ste-Claire, autrement dites les cordelières de St-Marceau, au bout du faubourg.

L'église parochiale de St-Médard.

L'église et chanoinie de St-Marcel.

L'église de St-Martin, dans le cloître de St-Marcel.

L'Eglise Saint-Médard.

L'église St-Médard était avant l'an 1163 une chapelle construite dans un clos dépendant de l'abbaye de Ste-Geneviève. Détruite par les Normands elle fut rebâtie au XII° siècle et devint la paroisse du hameau appelé Richebourg ou bourg St-Médard (1).

Ce bourg établi sur la gauche de la Bièvre, comme nous 'avons dit, ne se composait au XII⁰ siècle que d'un petit nombre de maisons et ne fut peuplé abondamment qu'au XVI⁰ siècle.

On y trouvait (2) les clos du Breuil, du Montcétard, des Mors fossés, des Treilles, de Copeau, de Gratard, des Saussayes, de la Cendrée.

L'origine de l'église St Médard est entourée d'obscurité.

On croit (3) que le nom de St-Médard donné à cette église vient de quelques reliques de ce saint, que les an-

1. Th. Lavallée, *Hist. de Paris depuis les Gaulois*, 1851, p. 413.
2. Dulaure, I, 257.
3. J. de Marlès, *Paris Ancien et Moderne*, 1838.

ciens chanoines de Ste-Geneviève avaient apportées du Soissonnais, où ils s'étaient retirés pendant l'invasion Normande.

L'église a été reconstruite dans le XVe et le XVIe siècle.

L'avocat Olivier Patru, mort en 1681, le moraliste Pierre Nicole ont été inhumés dans cette église.

Derrière le chœur était un petit cimetière où se trouvait la tombe du fameux diacre François Pâris, qui, après sa mort excita tant de convulsions et d'étranges miracles. Les indécences qui se passaient dans le cimetière St-Médard à l'occasion des prétendus miracles qui s'opéraient sur ce tombeau, forcèrent le roi à en faire mûrer l'entrée (1).

Le lendemain de mauvais plaisants écrivirent sur la porte :

> De par le Roi : défense à Dieu
> De faire miracle en ce lieu.

L'Eglise Saint-Marcel.

Nous avons retracé l'histoire de cette collégiale, nous avons dit qu'elle fut démolie sous le régime de Napoléon Ier.

C'est sur l'emplacement du cloître et de l'église que se trouvait la place St-Marcel, appelée plus tard place de la Collégiale (2).

Près de cette basilique était autrefois une église de

1. *Le Provincial à Paris ou Etat actuel de Paris.* 1788.
2. Béraud et Dufey, *loc. cit.*

St-Martin qui lui servait de chapelle. Il en est fait mention dans les bulles d'Adrien IV, du 27 juin 1158, adressées au chapitre de St-Marcel pour la confirmation de tous leurs biens et possessions.

L'église St-Martin fut érigée en paroisse vers 1480 (1).

Derrière cette église, dans l'ancien cimetière St-Marcel, on a découvert en 1656, 64 cercueils de pierres, qui dataient probablement du IVe siècle (2).

On cite encore deux églises qui existaient autrefois dans ce quartier : (3)

L'église St-Hilaire, dont l'origine est inconnue, mais qui existait avant 1300. Elle était bâtie dans un quartier qui était autrefois un vignoble, appelé le Clos Brunel.

L'église St-Hippolyte, d'une très grande antiquité ; il en est fait mention dans les bulles d'Adrien IV. On ne sait quand elle fut érigée en paroisse. Cette église a été démolie pendant la Révolution. Sur son emplacement a été construite la maison rue St-Hyppolyte, n° 8.

Sur les bords de la Bièvre, s'établit la manufacture des Gobelins qu'on alla visiter par plaisir. Le faubonrg St-Marcel en devint célèbre et se peupla de guinguettes et de folies.

Parmi les rues de ce quartier, une nous intéresse tout particulièrement, c'est la rue de Lourcine. Nous allons maintenant nous en occuper. (4)

1. Le Maire, *loc. cit.*
2. Th. Lavallée, *loc. cit.*
3. Le Maire, I, 563, 565.
4. Nous trouvons dans « *Paris et ses quartiers par les membres du*

La rue de Lourcine. — Le fief de Lourcine.

L'étymologie du mot *Lourcine* a donné lieu à de nombreuses contestations.

Voici ce que dit Dulaure : (1) « non loin de l'église St-

Caveau, » (Paris 1883), une description assez pittoresque du quartier des Gobelins ; nous en extrayons quelques passages :

Le quartier des Gobelins
(par E. Ripault, membre du Caveau)

. . . .
A travers champs, là serpentait la Bièvre,
Jadis limpide, entre ses bords fleuris,
Dont à présent les eaux donnent la fièvre
Aux malheureux riverains de Paris.

De ce cours d'eau, racontant la naissance,
Savez-vous comme en parle Rabelais ?
. . . .
. . . .

Panurge, un jour, se vengeant d'une dame
Qui, tous ses sens par elle étant troublés,
Se refusait à couronner sa flamme,
Cent mille chiens par lui sont rassemblés.

Et tous ces chiens, mâtins de toute sorte,
Dogues, bassets, venant vider leur sac,
A l'unisson pissent devant la porte
De son logis, qui plongeait dans un lac.

Bientôt ce lac, comme on se l'imagine,
En débordant, sous un ciel orageux,
Est devenu la malpropre origine
De la rivière, au cours noir et fangeux.

Laissant Panurge, il est temps que j'arrive,
A Gobelin, le fameux teinturier,
Qui de la Bièvre, en occupant la rive,
Donna son nom à ce nouveau quartier.

1. Dulaure, *Hist. de Paris*, I, 78.

Marcel était un territoire dont le nom ancien semble dési-
gner le séjour des morts. Ce territoire, dans un titre de
l'an 1246 est appelé *terra de loco cinerum*. Il s'étendait le
long de la rivière de Bièvre et fut traversé par une longue
rue qui, de ces mots *de loco cinerum*, a reçu le nom de
Lourcine. »

C'est aussi l'opinion de l'abbé Lebeuf. Mais voici ce que
l'on trouve dans Jaillot ; (1)

» Le lieu nommé *Locus Cinerum* est énoncé dans un
cartulaire de Ste-Geneviève de 1243. Il n'a pas été inconnu
à l'abbé Lebeuf qui l'a cité plus d'une fois. S'il eût voulu
le lire avec attention, il aurait vu qu'en la même année
et dans plusieurs endroits on trouve *apud Laorcinas* et

> Auprès de lui, diverses industries,
> Maroquiniers, mégissiers et tanneurs,
> Empoisonnant l'air des vertes prairies,
> En ont chassé les anciens promeneurs.

> . . . .

> De Saint-Ménard, plus loin la vieille église
> Vient nous montrer son gothique portail,
> Et nous réserve, en entrant, la surprise,
> De plus d'un vieux et curieux vitrail.

> Près d'elle était, jadis, le cimetière
> Et le tombeau de ce diacre Pâris,
> Autour duquel maint convulsionnaire
> Gesticulait et jetait les hauts cris.

> Suivant en paix ses humbles destinées,
> Pour le passé nous montrant son respect,
> Ce vieux quartier, depuis deux cents années,
> Offre à peu près toujours le même aspect.

> . . . .

1. Jaillot, *Recherches historiques de la Ville de Paris*, 1782, **IV**,
p. 75.

terra de loco cinerum, ce qui dénote deux endroits différents.

Le nom de *Laorcinis* me paraît être le plus ancien ; on le trouve dans l'acte de vente (*Cartul. Sanct. Genovef.* fol. 167) que Thibaud le Riche et Pétronille sa femme firent en 1182 aux frères de l'hôpital de Jérusalem d'une grange située *propè ulmum de Laorcinis* (où fut l'hôtel Zône, dont nous dirons un mot.)

En 1248 et 1250, (1) les titres de Ste-Geneviève disent, *in Lorcinis, de Laorcinis,* et en 1259 *apud Lorcinos.* On a depuis écrit ce nom des diverses manières suivantes : Lourcine, Loursine, l'Oursine, Lorsine, l'Orsine, l'Ursine.

Le territoire appelé *Locus Cinerum* était donc un lieu tout différent du fief de Lorcines.

Le lieu sur lequel la rue de Poliveaux a été ouverte est, suivant Jaillot, le *Locus Cinerum* dont il est souvent fait mention dans les actes du XIIIᵉ siècle.

Au surplus on ignore ce que ce nom signifiait (2) Etait-ce un lieu chargé autrefois d'habitations qu'un incendie aurait réduit en cendres ? Etait-ce, au temps des Romains, un lieu où l'on déposait les cendres des morts ? où l'on brûlait les cadavres ? C'est là ce que personne ne peut dire ; ce qui est certain, c'est qu'au milieu du XIIIᵉ siècle ce lieu s'appelait *lieu des Cendres* et qu'au siècle suivant on donna le nom de *la Cendrée* à la rue qui le traversait. C'est aujourd'hui la rue Poliveaux.

La *rue de Lourcine* est nommée *vicus de Lorsinis* et *vicus*

1. De la Tynna, *Dict. des rues de Paris,* 1816.
2. de Marlès, *Paris ancien et nouveau.*

de Lorcinis dans le testament de Gallien de Pois qui date de 1287. (1) Son premier nom était donc la rue de Lorsine, dont on a fait Lourcine. L'ortographe de ce nom a d'ailleurs beaucoup varié. (2) Sauval écrit : *Loursine, l'Oursine, Lorsine* ; Corrozet, *l'Orsine* ; Gombourt et Juvin, *l'Ursine.* (3)

En 1404 (Sauval) on l'appelait la *Ville de Loursine-lès-St-Marcel* et depuis la rue du *Clos-Ganay* à cause du chancelier de *Ganay* qui y possédait une maison de plaisance.

On l'appelait quelquefois *rue de Franchise* parce qu'étant située dans le fief de Lourcine appartenant alors à la commanderie de St-Jean de Latran, les compagnons artisans y pouvaient travailler pour leur compte sans avoir été reçus maître dans les Arts et les professions qu'ils exerçaient. Enfin le plan Dheulland l'indique sous le nom de rue des *Cordelières,* à cause du couvent de ces religieuses qui y était situé. (4)

La rue de l'Oursine donnait d'un bout au Pont aux Tripes (5) de l'autre au coin de la rue St-Hippolyte.

Aujourd'hui la rue de Lourcine commence rue Mouffetard et finit rue de la Santé.

De la Tynna nous apprend qu'en 1816 (6) les numéros

1. Piganiol de la Force, *Hist. de Paris,* 1742, IV, 617.
2. J.-B. de St-Victor, *Tableau historique de Paris,* 1809, III, 272.
3. Ne pas confondre avec rue Neuve de l'Ursine, ancienne dénomination de la rue des Filles-Dieu, (Hurtaut et Magny).
4. Lazare, *Diction. des rues et monuments de Paris,* Paris, 1855.
5. Le Pont aux Tripes était sur la Bièvre, on l'appelait ainsi soit parce que les tripiers y lavaient les tripes, soit parce que les corroyeurs y nettoyaient leurs peaux. On l'appelait aussi Pont des Gobelins, Le Maire, *Paris ancien et nouveau,* in-12, 1685).
6. De la Tynna, *Dict. des rues de Paris,* 1816.

étaient noirs, ce qui voulait dire rue transversale, les rues longitudinales par rapport à la Seine avaient des numéros rouges.

A l'entrée de cette rue, du côté de St-Médard, était l'hôpital de Lourcine, qui fut appelé aussi, *maladrerie de Ste-Valère*.

Vers l'autre extrémité se trouvait l'*Abbaye des Cordelières*. Dans cette rue était l'*Hôtel Zône* que le peuple appelait par corruption l'hôtel Jaune. C'était une maison de plaisance du commandeur de St-Jean de Latran. Elle tirait son nom, d'après Sauval, d'un commandeur qu avait résolu d'aller naviguer jusqu'à la Zône torride.

Le fief de Lourcine avait dépendu de la Commanderie de St-Jean de Latran, au temps des Croisades, et les hospitaliers de St-Jean de Jérusalem, dits de St-Jean de Latran, qui avaient pour mission d'héberger les pélerins et de faciliter leurs voyages, étaient devenus chevaliers, de Rhodes et ensuite chevaliers de Malte, en demeurant seigneurs du fief jusqu'à la Révolution. (1) Le fief de Lourcine avait pour chef-lieu l'hôtel Zône. Cette maison se composait de plusieurs corps de bâtiments, de deux cours et d'un grand jardin, après la Révolution, elle appartenait à un sieur Vaillant. C'est à travers cet immeuble que ut ouvert le prolongement de la rue des Bourguignons, déclaré d'utilité publique par ordonnance royale en 1843. (2)

A quelques distance de l'hôtel Zône, était une maison

1. Bonnardot. *Les fiefs de Paris au milieu du XVIᵉ Siècle.*
2. Lefeuve. *Les anciennes maisons de Paris*, I, 168.

en forme de galerie et de pont qui traversait la rue à quinze pieds environ de hauteur. (1)

Deux corps de garde veillaient rue de Lourcine : l'un auprès du couvent, l'autre près de l'hôtel Zône. Ce dernier par extention devint une caserne pour trois compagnies de Gardes-françaises, dont une de grenadiers et deux de fusiliers, et aujourd'hui encore c'est un quartier d'infanterie.

En face était une grande maison qu'on appelait le Petit-Palais-Royal, Elle disparut pour faire place au prolongement de la rue de la Glacière et au boulevard de Port-Royal. (2)

Nous connaissons maintenant la rue de Lourcine. Deux établissements nous restent à examiner plus spécialement. Ce sont *l'hôpital de Lourcine* et le *couvent des Cordelières.*

1. Hurtant et Magny. *Dict. de la ville de Paris*, 1779, IV, 391.
2. Lefeuve. *loc. cit.*

CHAPITRE II

Sauval parle de deux hôpitaux, près de St-Médard et à la rue de Lourcine.

«L'un dit-il dédié à Saint-Martial et à Sainte Valère, l'autre s'appelait l'Hôtel-Dieu St-Marcel, mais on n'en sait pas davantage. » (1)

D'après Lebœuf (2) « cette dénomination parfaitement distincte de Maladrerie de Ste-Valère et d'hôpital de St-Marcel, prouve que c'est une erreur de croire que l'hôpital de Lourcine et ces deux établissements charitables ne faisaient qu'un. »

Du Breul (Liv. 2, p. 401) « indique un hôpital de St-Marcel fondé par la reine Marguerite de Provence qui se nommait anciennement Hôpital de Lourcine, prenant le nom de la rue où il est situé. »

Quoiqu'il en soit, qu'il en ait existé deux, comme le disent Sauval et Lebeuf, ou qu'il n'en ait existé qu'un, nous nous occuperons de celui que Lebeuf désigne ainsi : « *L'hôpital de Lourcines* dit à présent la Maladrerie de Ste-Valère. »

1. Sauval, *Hist. de Paris*, Paris, 1724, II. 382.
2. Lebeuf, *Hist. de la ville de Paris*, I, 600, (notes).

Il s'appelait donc en principe « Hôpital de Lourcine » et fut fondé par Marguerite de Provence, veuve de St. Louis. « J'ai lu, dit Jaillot, (1) dans un mémoire manuscrit (Bibl. de St-Germain-des-Prés) qu'il fut fondé peu après les Cordelières. » (2)

En 1292 l'hôpital de Loursine était déjà un établissement important, puisqu'il possédait des biens occupés par des hôtes ou des colons. (3)

Ce qu'il y a de certain, c'est qu'au siècle suivant il appartenait à Guillame de Chanac, évêque de Paris et patriarche d'Alexandrie, ce qui lui avait fait donner le nom d'Hôtel-Dieu du Patriarche. On trouve désigné sur le papier terrier de Ste-Geneviève, de l'an 1380, à l'article du Cens des Treilles : Rue de Lorsines, maison à Raoult d'Opute, tenant à l'Hôtel-Dieu du Patriarche, composé de plusieurs maisons à M. Guillaume de Chanac. » (4)

On ignore quand il reçut le nom de St-Martial et de Ste-Valère, mais Jaillot pense que ce doit être sous l'épiscopat de Guill. de Chanac lui-même ou de Foulques son neveu. Tous les deux étaient limousins de naissance et devaient être par conséquent portés à étendre le culte d'un saint évêque de Limoges et d'une vierge qui souffrit le martyre dans cette ville.

1 Jaillot, *Recherches historiq. sur la ville de Paris.* 1782, IV, 75.

2. On lit dans de Mezeray. *Hist. de France.* Paris 1682. I. 287.

« Marguerite de Provence se retira dans le couvent des Cordelières au faubourg St-Marcel, où elle vécut saintement le reste de ses jours. Elle avait fondé pour les pauvres deux hôpitaux, l'un au faubourg S.-Marcel, l'autres à Chateaudun. »

3. Lebœuf, I, p. 742 (note. Hip. Cocheris).

4. Jaillot, IV, 84.

L'abbé Lebeuf cite un acte de collation de cet hôpital fait par l'évêque de Paris le 10 avril 1515, sous le titre de St-Martial et de St-Valère.

Cet hôpital fut-il abandonné ou destiné à d'autres usages ? Toujours est-il qu'on le voit, en 1559, occupé par Pierre Galand (1).

« Au mois d'aoust de l'an 1559 (2), les administrateurs
« de l'Hostel-Dieu se ploignirent au parlement de l'in-
« fection et de l'incommodité que causoit dans cet hôpi-
« tal le grand nombre de pauvres malades infectez de
« maux vénériens. La Cour, par arrest du 18, ordonna
« que le dimanche suivant le prévost des marchands, les
« eschevins, les gouverneurs de l'Hostel-Dieu, le curé
« de St-Eustache et deux marguilliers de cette paroisse,
« s'assembleroient en présence des gens du roy, pour
« aviser au logement, au vivre, au linge et aux médica-
« mens de ces malades. Le 25 septembre, la chambre
« des vacations ordonna par provision, à cause de l'ur-
« gente nécessité, que ces sortes de pauvres, qui se pré-
« sentaient au bureau général ou à l'Hostel-Dieu, se-
« roient mis à l'hospital de Lourcines, au faubourg St-
« Marceau, que tenait ci-devant Pierre Galand, pour y
« être nourris, logez, pansez, médicamentez ; et qu'à
« cette fin ce lieu de Lourcines, avec tous ses revenus,
« seroit saisi et mis en la main du roy et qu'on establi-
« roit des commissaires qui en feroient la régie et en
« rendroient compte. »

1. Pierre Galand, professeur royal, était principal du collège de Boncour.
2. Félibien, *Hist. de la ville de Paris*, 1725, p. 1071.

Voilà donc l'hôpital de Lourcine, en 1559, destiné aux vénériens. Quelques historiens de Paris ont pris à tort cette date pour la date de la fondation de l'hôpital (1).

Nous ne savons pas grand'chose sur l'histoire de cet hôpital. Piganiol de la Force (2) nous dit qu'en « 1560, « les calvinistes mirent en pièces une figure de Jésus- « Christ qui était au-dessus de la porte. Pour répara- « tion de cet outrage, le clergé de St-Marcel, celui de « St-Hippolyte et celui de St-Martin, allèrent en proces- « sion à St-Médard et de là à l'hôpital de Lourcine ; et « par ordre d'Eustache du Bellay, évêque de Paris, Jean « Moreau, sous-chantre et chanoine de Notre-Dame, mit « une autre figure à la place. »

Cet hôpital ne tarda pas à être ruiné par une mauvaise administration.

Dès 1576, Nicolas Houël, apothicaire, épicier et bour- geois de Paris (3), avait demandé la permission d'établir un hôpital « pour un certain nombre d'enfants orphelins « qui y seraient d'abord instruits dans la piété et les « bonnes lettres, et par après en l'état d'apothicairerie, « et pour y préparer, fournir et administrer gratuite- « ment toutes sortes de médicaments et remèdes conve- « nables aux pauvres honteux de la ville et des faubourgs « de Paris. »

Le dessein de Nicolas Houël fut approuvé et son nou-

1. Girault de St-Fargeau, *Dict. géographiq.*, 1847.
2. Piganiol, IV, 618.
3. Félibien, *loc. cit.*, p. 1133.

vel hôpital fut établi en 1577 dans la maison des En-
fants-Rouges, près du Temple.

Mais dès 1578, soit que le terrain de cet hôpital ne fut
pas assez vaste (1), soit qu'on trouvât de l'inconvénient
à réunir dans le même local deux établissements différents, il fut ordonné que l'hôpital du sieur Houël serait
transféré dans celui de *Lourcine*, « désert et abandonné
par mauvaise conduite, tout ruiné, les pauvres non logés
et le service divin non dit, ni célébré. »

Nicolas Houël s'y installa le 12 avril 1579. L'établissement prit le nom de *Charité chrétienne*. Il fut protégé par
Henri III, la jeune reine Louise de Lorraine, le parlement
et une dame de Dampierre, qui sans doute lui faisaient
des dons considérables. Le nouveau fondateur fit construire une chapelle et acheta vis-à-vis un terrain fort
étendu, qu'il destina à la culture des plantes médicinales
tant indigènes qu'exotiques. L'établissement prit bientôt
une importance considérable, comme on le voit dans un
écrit d'Houël à la reine Louise de Lorraine pour lui rendre compte de son établissement. Il se composait (2) :

1° D'une *chapelle;*

« 2° D'une *école* de jeunes orphelins destinés non seu-
« lement à distribuer des remèdes, mais à traiter et mé-
« dicamenter en leurs maladies les pauvres honteux de
« la ville et des faubourgs, sans que ceux-ci soient
« forcés de sortir de leur maison pour aller à l'Hôtel-
« Dieu ;

1. De St-Victor, *loc. cit.*
2. Félibien, De Gaulle.

« 3° D'une *apothicairerie* garnie de tout ce qui était
« nécessaire ;

« 4° D'un enclos appelé le *Jardin des Simples*, conte-
« nant des plantes aromatiques et médicinales ;

« 5° D'un *hôpital* contigü à la maison de Charité, « au-
« quel par chacun jour sont logés les pauvres honteux
« passant leur chemin ; lesquels, après avoir pris leur
« réfection, rendent grâce à Dieu. Puis, avant de se cou-
« cher, la cloche dudict hôpital sonne l'espace d'un de-
« mi-quart d'heure, et tous les pauvres se mettent à ge-
« noux, et en grande dévotion chantent le psaume *Mi-*
« *serere, mei, Deus*, et une antiphone à la Vierge Marie,
« priant Dieu le créateur pour tous ceux et celles qui
« font aumône de leurs biens à ladite maison de la Cha-
« rité chrétienne. »

(*Les manuscrits français de la bibl. du roi*,
par M. Pàris, II, 373).

A Nicolas Honel succéda Charles Audens, apothicaire,
dans l'administration de l'hôpital de la Charité chrétienne.

De son temps, cet établissement changea de desti-
nation.

Henri IV sépara l'Ecole et le jardin des apothicaires de
l'hôpital de Lourcine (1) et par ses édits de 1597, 1600
et 1604, il ordonna que « les pauvres gentilshommes,
« officiers et soldats estropiés, vieux ou caducs, seraient
« mis en possession de la maison de la Charité chré-

____

1. Lavallée, p. 416,

« tienne, et qu'ils y seraient reçus, nourris, logés et mé-
« dicamentés » (1).

Lorsque le château de Bicêtre devint, en 1734, un hôpital pour les soldats estropiés, sous le nom de Commanderie de St-Louis, l'hospice de Lourcine fut abandonné
et uni peu de temps après à l'ordre de Malte. Cette maison prit alors le titre de *Commanderie de Ste-Valère*.

La Commanderie de Ste-Valère fut donnée, en 1689,
pour 1400 livres. Elle fut occupée successivement par
plusieurs communautés de filles (communauté des Dames
veuves, dites de N.-D. de la Paix, communauté des Filles
de Ste-Agathe ou du Silence).

Toutes ces communautés ne surent pas s'y maintenir.

La Commanderie de Ste-Valère unie à l'ordre de St-
Lazare, ainsi que les autres hôpitaux abandonnés, fut
ensuite cédée à l'archevêque de Paris, qui la donna à
l'Hôtel-Dieu.

Voici quelques pièces ayant rapport à l'ancien hôpital
de Lourcine :

Manuscrits.

Un carton de la section administrative, aux Archives
de l'Empire, côté S. 4877, renferme quelques pièces sur
la Commanderie de Ste-Valère. On y trouve un état du
revenu en 1689 et des baux de vignobles à Villejuif.

Un carton de la Section historique (L. 1067) renferme
des contrats de vente, des pièces concernant la chapelle

---

1. Lebeuf. De Gaulle. De St-Victor.

et un mémoire pour Jean-Claude Carrière, chapelain titulaire de cette chapelle.

Monsieur Brièle reproduit les deux pièces suivantes (1) :

1693

(19 décembre). Monsieur Accart a fait rapport que monsieur de la Houssaye, procureur général de la Commission pour réunir aux hôpitaux et communautez les biens qui en ont esté démembrez, pour les unir à l'ordre de Saint-Lazare, a esté veû pour luy demander l'union au proffit de l'Hostel-Dieu de plusieurs biens situez à Lieursaint proche Corbeil et les environs, du revenu de trois cent soixante livres ou environ, qui ont appartenu anciennement au petit Hostel-Dieu apelé de Loursine, qui étoit au faubourg Saint-Marcel, mais qu'il a fait réponce que messieurs les commissaires et luy ne la pouvaient accorder, n'ayant point de pouvoir sufizant par leur commission, et que pour y parvenir, il faloit présenter un placet au Roy qui, selon toutte aparence, seroit renvoyé à Monseigneur l'archevesque pour avoir son avis, et qu'il ne paroist aucune dificulté d'obtenir cette union, quoyque ces mesmes bien aient esté possédez intermédiairement par deux ou trois chapelains sous le nom du prieuré de Sainte-Valère, autrement dit la Charité chrestienne, et que le dernier titulaire demande à y rentrer, puisqu'il ne paroist aucun titre de fondation ; sur quoy la Compagnie a remis à délibérer dans un autre temps.

1. Brièle. Collection de documents pour servir à l'histoire des hôpitaux de Paris. Imprimerie nationale, 1881.

1707

(22 juin). Sur le raport de monsieur Horeau qu'en publiant le monitoire pour les biens et titres recelez de l'hôpital de Ste-Valère, on a descouvert, par des révélations de plusieurs témoins, qu'il y avait autre fois un petit hôpital sous le nom de Ste-Apoline au faubourg St-Marcel, où l'hospitalité étoit gardée, dont les biens qui consistent, entre autres chozes, en 23 arpents, tant en marais qu'en terres, ont esté usurpez successivement par les doyens du chapitre St-Marcel, et même qu'il reste encore des vestiges de la Chapelle, suivant le procès-verbal dressé par le sieur commissaire Gorillon, en exécution de l'ordonnance décernée par M. le Lieutenant civil, au bas de la requeste à lui présentée au nom du Bureau, la compagnie a arresté d'obtenir des lettres-patentes pour l'union de cet hôpital au proffit de l'hostel-Dieu, et M. Horeau a esté prié de les dresser.

Ecole de Pharmacie

Le jardin qu'avait formé Houel avait été corservé : les apothicaires et les épiciers qui dans le XVIIe siècle ne formaient encore qu'une seule communauté acquirent en 1626 la propriété de ce jardin et le 2 décembre de la même année, achetèrent de Gabriel Juselin une maison située rue de l'Arbalète (1).

Ils purent ainsi ouvrir leur entrée principal sur cette rue et ils firent construirent le bâtiment qui existe encore aujourd'hui.

1. Sauval, I, 715.

Les pharmaciens devinrent ensuite les seuls maîtres de l'établissement qui fut érigé en Collège (1).Une inscription en lettres d'or, sur une table de marbre noir apprenait que cette érection avait été faite le 13 avril 1777.

Il y avait dans ce collège 6 professeurs, qui pendant les trois mois d'été, y donnaient des leçons publiques sur la chimie, la botanique et l'histoire naturelle ; et tous les ans le lieutenant général de police y distribuait solennellement des médailles aux élèves qui s'étaient le plus distingués dans ces études. Ces prix avaient été fondés par le lieutenant de police Le Noir (2).

Cette maison possédait un très joli cabinet d'histoire naturelle, un laboratoire de chimie, une bibliothèque, etc. Elle était décoré de sculptures et de tableaux. Dans le jardin, les plantes étaient distribuées suivant la méthode de Tournefort.

Tableaux.

Dans la grande salle, au-dessus de la porte, Louis XIV donnant le poids marchand au corps des épiciers. (Sans nom d'auteur).

Sur la cheminée, Hélène et Ménélas arrivant en Egypte,

1. « On eut raison d'élever un corps qui contient dans son sein d'habiles chymistes, phisiciens et botanistes et de les distinguer de ceux qui vendent souvent des drogues sans les connaître : témoin cet épicier, qui par arrêt du parlement du 21 juillet 1784, fut condamné à 500 livres d'amende, pour avoir vendu une médecine dans laquelle, il avait fait entrer du basilicum au lieu de catholicum. » *Le Provincial de Paris.* Paris, 1788.
2. De St-Victor, III, 411.

et recevant du roi de cette contrée plusieurs plantes médicinales (par Vouet).

Les portraits en médaillon de MM. Rouelle, frères, chimistes.

Au pourtour de la salle, les portraits des anciens gardes de la communauté des épiciers et apothicaires.

Sculptures.

Entre deux croisées de la même salle le buste de M. Le Noir.

Un arrêté des consuls du 3 frimaire an XII porte :

Art. I. L'école de pharmacie établie à Paris par la loi du 21 germinal, an XI, est mise en possession du bâtiment et dépendances situés rue de l'Arbalète et occupés anciennement par le collège de pharmacie, pour y placer son administration et y faire les cours prescrits par l'arrêté du 23 thermidor dernier, etc... » Le premier consul, signé, Bonaparte.

Un décret du 15 vendémiaire suivant règlementa définitivement cette institution.

En 1850, il a été créé une école pratique où les élèves, à la suite d'un concours, étaient exercés aux manipulations chimiques et pharmaceutiques. Aujourd'hui les travaux pratiques sont obligatoires pour les étudiants en pharmacie.

Nous ne pouvons entrer dans plus de détails, n'ayant pas entrepris de faire l'histoire de l'école pharmacie ; mais il est intéressant de voir que cette école a fait partie, à son origine, de l'ancien hôpital de Lourcine.

Cet établissement est devenu depuis 1881, l'Institut National agronomique. Les anciens bâtiments ont subi les réparations nécessaires et de nouveaux bâtiments sont encore actuellement en construction. On y fait des cours depuis 1887.

CHAPITRE III

La plupart des historiens rapportent qu'en 1270 Thibaud VII, comte de Champagne et roi de Navarre établit, près de Troyes, un monastère où il mit treize religieuses de Ste-Claire, dites Cordelières, avec un chapelain ; (1) qu'il leur donna des revenus suffisants, et qu'elles prirent possession en 1275 du monastère qu'il avait fait bâtir ; mais que l'endroit qu'elles occupaient n'étant ni sain, ni commode, elles le quittèrent pour venir s'établir à Paris au faubourg St-Marcel. (2) Dubreuil (3) ajoute qu'un chanoine de St-Omer, nommé Gallien de Pises (ou de Poix) fut le fondateur de ce nouveau couvent.

Suivant Jaillot, les Cordelières déjà établies à Longchamps, où Isabelle de France, sœur de St-Louis, les avait fondées en 1259, en furent tirées pour aller habiter le couvent du bourg St-Marcel, et que celles de Troyes n'y vinrent qu'après. (4) Il cite à ce sujet plusieurs actes, d'où il infère que la fondation en fut faite en 1283.

1. Le Maire, *Paris ancien et nouveau*, in-12, 1685, I, 492.
2. J.-B. de St-Victor, *Hist. de Paris*, III, 207.
3. Dubreuil, *Antiquités de Paris*.
4. J. de Marlès, *Hist. de Paris*, II, 433.

Guillaume de Nangis, auteur contemporain, dit en effet que « ce fut Marguerite de Provence, femme du très saint Roy Louis, qui établit et fonda à Saint-Marcel, un couvent de sœurs mineures, dans lequel elle mourut en 1295, après y avoir longtemps vécu. »

« *Hœc Parisiis apud Sanctum Marcellum, Cœnobium Sororum minorum, in quo honestissimè diù vixit, constituit et fundavit.* »

C'est donc à cette reine et non au chanoine de St-Omer qu'il faut attribuer la fondation des *Cordelières* ; et l'on ne peut douter que cette fondation soit antérieure au testament de ce dernier. C'est du moins ce qu'ont pensé les historiens de la ville, de l'église et de l'Université de Paris, les auteurs du *Gallia Christiana,* de Mezeray, etc.

En effet, le testament de Gallien de Pise, est daté du mercredi d'après l'octave de la Saint-Martin d'hiver de 1287 (1). Par ce testament, il leur léguait : trois maisons qu'il avait à Lorcines, un pré et une partie de bois situés dans le même lieu.

Ce legs ne fut fait qu'avec la permission du commandeur (2), car ces maisons étaient du ressort justiciable et tributaire de Saint-Jean de Latran, et tout seigneur abrégeait ou démembrait son fief, en permettant à des gens de main-morte de posséder des héritages qui en relevaient.

Ces maisons touchaient le château ou maison royale,

1. Sauval, *Hist. de Paris,* I, 680.
2. Lefeuvre, *Les anciennes maisons de Paris,* II, 169.

bâtie du temps de saint Louis et dans laquelle la reine
Marguerite de Provence se retira quelques années avant
sa mort (1).

Par des lettres de l'an 1294, elle donna aux religieuses ce château avec ses dépendances, toutefois sous la
condition qu'elles ne pourraient, en aucune manière, l'a-
liéner, et qu'elles en laisseraient la jouissance à Blanche,
sa fille, sa vie durant.

Les titres de ces donations et ceux d'autres avantages
accordés par les rois aux XIIIe et XIVe siècles aux Cordelières, se trouvent dans l'histoire manuscrite de Tillemont.

Dans les chartes françaises, la communauté est appelée : *Couvent des Cordelières de l'esglise Ste-Claire à l'Our-*
cine-lez-Saint-Marcel près Paris. Couvent des sereures me-
neures de Ste-Claire-de-l'Ourcine-lez-Paris, etc.

La princesse Blanche, fille aînée de St-Louis, était veuve
de Ferdinand de La Cerda, fils aîné d'Alfonse X, roi de
Castille et de Léon. Cette princesse prit les Cordelières
en affection, et entra en religion dans leur couvent, après
avoir perdu son mari.

En 1295, à la mort de Marguerite de Provence, sa
mère, elle fit achever l'église du Couvent (2) « aux prin-
cipales vitres de laquelle elle était dépeinte en posture de
priante, comme tenant en ses mains une figure d'église
qu'elle présente à Dieu, où sont aussi figurées et mesme
aux lambris, ses armoiries avec celles de son dit mary,
en un mesme escusson. »

1. Piganiol de la Force, IV, 619.
2. Germain Brice, *Description de la ville de Paris*, 1717.

Elle passa la fin de ses jours dans ce couvent, où elle mourut le 7 juin 1322. La salle de ses gardes, sa chambre à coucher, son lit, existaient encore dans cette maison au moment de la Révolution.

. L'histoire du couvent des Cordelières n'offre rien de bien remarquable. Située en dehors de la ville, cette abbaye fut souvent troublée par les événements politiques. Les troubles occasionnés par la prison du roi Jean, et la crainte des suites que pouvait avoir cette catastrophe, obligèrent les religieuses à se réfugier dans l'intérieur de la ville ; les malheurs de la Ligue les mirent depuis dans la nécessité de prendre deux fois le même parti. (1)

Nous avons déjà dit qu'en 1579 il y eut un débordement de la Bièvre tel que l'eau arriva jusqu'au grand autel de l'église des Cordelières.

Le 17 juillet 1590, les troupes d'Henri IV s'étant renfermées dans l'abbaye y commirent de grands ravages.

Voici ce que publie M. Brièle dans ses documents : (2) « 1590. Cedit jour (24 juillet) a esté ordonné que, pendant les guerres de Paris, il sera nourry au dict Hostel-Dieu trois filles religieuses du couvent des Cordelières Sainct-Marcel, par chacun jour, comme les pauvres dudit Hostel-Dieu, et ce jusques à ce qu'elles puissent retourner à leur dict couvent. »

Enfin la guerre civile força encore les Cordelières, en 1652, d'abandonner leur couvent une quatrième fois ;

1. J.-B. de St-Victor, III, 210.
2. Brièle, *Collection de documents pour servir à l'histoire des hôpi-aux de Paris.*

mais ce fut pour peu de temps, car elles y rentrèrent au mois d'octobre de la même année. (1)

L'église des Cordelières avait été dédiée en 1356, sous le vocable de saint Etienne et de sainte Agnès.

Le grand autel avait été construit en 1497 avec un autre qui était à côté. Ils avaient été consacrés l'un et l'autre, la même année, le 23 avril « par Jean Simon de Champigny, evesque de Paris, le grand spécialement en l'honneur de sainte Claire et de saint François, et l'autre en l'honneur de saint Louis, evesque de Marseille. » (2)

L'église fut restaurée vers 1630 ; on rehaussa le pavé pour le rendre moins humide et on revêtit ses murs de menuiseries.

La communauté régie d'abord par des abbesses perpétuelles, n'eut, à partir de 1629, d'après le règlement d'un chapitre provincial tenu à Saint-Quentin, que des abbesses triennales. Le titre d'abbaye fut supprimé en 1674, Mme de Warenghien fut la dernière abbesse. (3)

Il n'y eut dès lors que des prieures qu'on élisait également tous les trois ans.

Les religieuses étaient appelées Filles de Ste-Claire de la Pauvreté Notre-Dame. Elles observaient la règle des Cordelières de Longchamps. Elles étaient *Urbanistes*, c'est-à-dire qu'elles avaient embrassé la règle mitigée par le pape Urbain IV. (4)

---

1. J.-B. de St-Victor, De Gaulle, II, 257.
2. Le Maire, *loc. cit.*, I, 493.
3. Lebeuf, *Hist. du diocèse de Paris.*
4. J. de Marlès, II, 433.

Le prix de la pension annuelle des demoiselles dont elles faisaient l'éducation, était de 3 à 400 livres. (1)

En 1628, quelques religieuses se détachèrent du couvent pour aller, sous le nom de *Petites Cordelières*, d'abord dans une maison avec jardin située au cloître St-Marcel, puis plus tard, (mai 1687) dans l'hôtel de Beauvais, situé rue de Grenelle-St-Germain. Elles furent supprimées par décret de l'archevêque de Paris, du 4 juin 1749. (2)

L'abbaye des Cordelières faisait partie de la paroisse St-Hippolyte. Elle occupait tout l'espace compris entre les rues de Loursine, St-Hippolyte, du Champ de l'Allouette et la Bièvre. Elle renfermait de beaux bâtiments et de grands jardins arrosés par la Bièvre. (3)

1. Lefeuve, *loc. cit.*
2. Dulaure, *Hist. de Paris*, II, 533; Sauval, I, 688.
3. Th. Lavallée, *Hist. de Paris*, p. 417.

La notice imprimée en 1652 donne quelques détails assez intéressants sur l'état du couvent à cette époque (1).

« La maison des Cordelières est appelée *de Saint-Marcel*,
« à cause du faubourg de Paris, ainsi nommé, à l'extré-
« mité duquel elle est agréablement située, dans un val-
« lon environné de beaux et spacieux jardinages, ver-
« gers, petits bois, prez, estang et arrousez par un ruis-
« seau, multiplié (non-obstant sa petitesse) en plusieurs
« canaux : le tout consistant en vingt-cinq arpents de
« terre ou environ et fort bien enclos de doubles mu-
« railles, dont les unes font la clôture de ce qui est de
« l'intérieur du monastère, et les autres de ce que des-
« sus, tant pour ses usages que de ses officiers. »

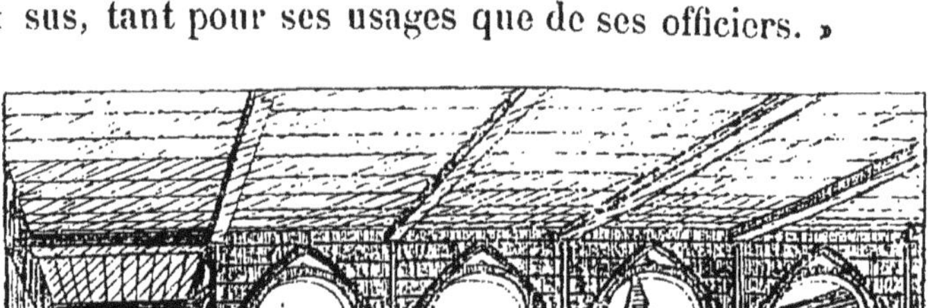
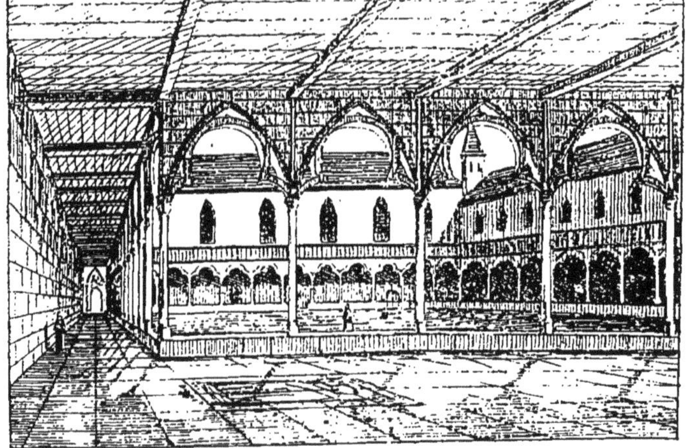

Vue intérieure du Cloître des Cordelières (2).

L'église était fort simple. Le cloître, composé d'une

1. De Gaulle, *Hist. de Paris*, II. 258.
2. Tirée d'une gravure de J.-B. de St-Victor. Loc. cit.

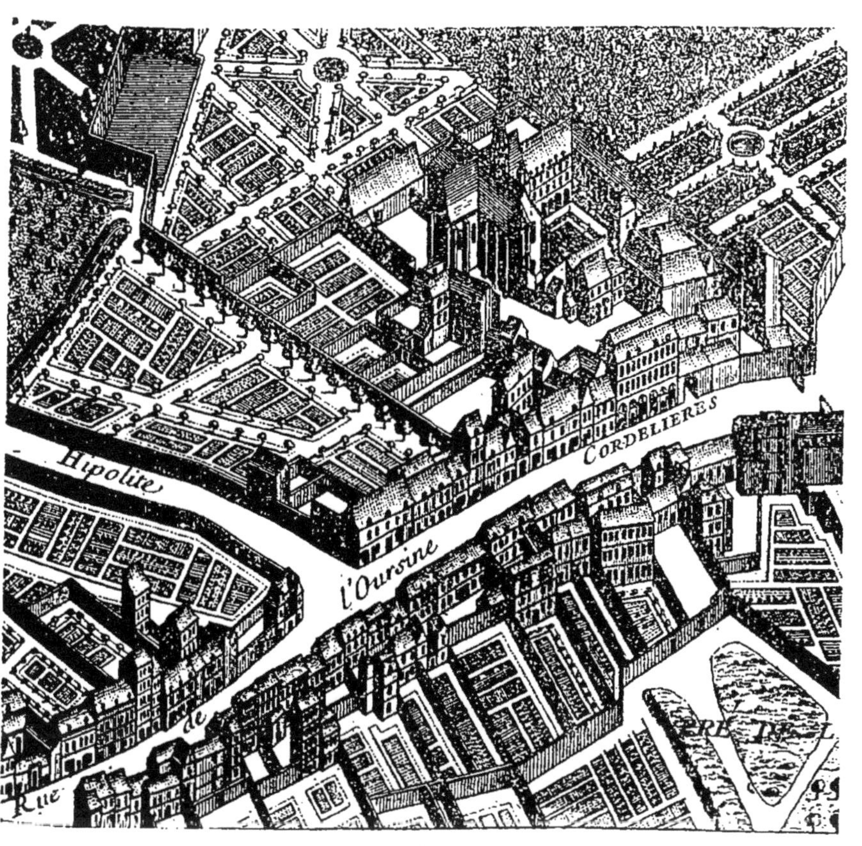

Vue générale des Cordelières (d'après le plan Turgot).

suite d'arcades d'un gothique léger et très élégant, mé-
ritait plus d'attention. Il avait été construit par la princesse Blanche, dont on voyait les armes gravées en plusieurs endroits. A l'extrémité du grand dortoir du monastère, était une chapelle, la même, à ce que l'on croyait,
où saint Louis venait entendre chaque jour la messe
quand il demeurait en ces lieux. La sacristie renfermait
un assez grand nombre de reliquaires très riches, re-
vêtus d'or, d'argent, de rubis, d'émeraudes, de dia-
mants.

On y conservait également « le petit habit gris que
saint Louis, roy de France (comme il était du tiers ordre
de Saint-François) portoit ordinairement sous ses habits
royaux et son manteau royal. Il était de velours bleu,
parsemé de fleurs de lys d'or, entourées de semences de
perles fines. »

Au commencement du XVIIe siècle, on fit de ce manteau plusieurs ornements d'église : une chasuble et deux
tuniques qui servaient seulement le jour de la fête de
saint Louis.

Dans les archives du monastère, on gardait des bulles
et chartes de Nicolas IV, Honorius IV, Clément V, Pie II,
saint Louis, Philippe-le-Hardi, Philippe-le-Bel, Philippe-
le-Long, et autres rois et papes qui exemptaient le monastère de la juridiction de l'évêque et lui accordaient
divers privilèges.

« Le roy Henri II, par ses lettres de février 1551, con-
« firma aux religieuses et abbesses du couvent des Cor-
« delières de l'église de Sainte-Claire à Lourcine-les-St=

« Marcel, près de Paris, tous les privilèges, franchises,
« libertez, exemptions et garde gardienne qu'elles avaient
« de la libéralité des rois ses prédécesseurs » (1).

En 1581, les Cordelières possédaient « plusieurs pièces
de terres et vignes dans la censive d'un petit fief appartenant au prieuré de St-Martin, dans le territoire de St-
Marcel. »

Nous venons de donner quelques extraits des nombreux documents relatifs aux *Cordelières*, qui existent aux
Archives nationales.

Il appartient plutôt à l'historien des couvents de Paris
d'entrer dans plus de détails. Il faudrait d'ailleurs plusieurs volumes pour contenir tous ces manuscrits. En voici
la liste :

Désignation des cartons des Archives nationales, concernant
les Cordelières de la rue de Lourcine.

Statuts et règlements, XVIIe siècle	LL. 1649.
Actes du discrétoire, 1668-1728	LL. 1650-1651.
Élections des abbesses, 1275-1740	LL. 1652.
Privilèges, donations, fondations,	
testaments, mémoires de travaux	L. 1050-1051.
Titres de propriété	S. 4675-4685.

Paris : rues de Bièvre, des Francs-Bourgeois, Payenne,
St-Denis, St-Victor, Tirechape, des Trois-Pavillons.

Aubervilliers, Conflans-l'Archevêque, C^{ne} de Charenton,
Gentilly, Nanterre, Suresnes.

1. Félibien, *loc. cit.*, p. 465.

Censier, XVe siècle   L. 1051.
Rentes et revenus, 1724-1788 H. 4105.
Petites-Cordelières, rue de Grenelle S. 4683.

Le couvent, supprimé en 1790, devint propriété nationale, et fut vendu le 24 vendémiaire an V, à la charge par l'acquéreur de livrer gratuitement le terrain nécessaire au percement de deux rues projetées (1).

Ces deux rues étaient indiquées sur un plan dressé par la commission des artistes, le 7 brumaire an IV, et leur largeur devait être de 14 mètres. Le ministre de l'intérieur, par décision du 6 pluviôse an XII, approuva un nouveau projet indiquant deux rues de 10 mètres seulement de largeur, sous les noms de rues Pascal et Julienne.

La rue Julienne fut seule ouverte (le 26 janvier 1805).

En 1825, MM. Marcellot et Salleron, propriétaires du domaine des Cordelières et de vastes terrains contigüs, présentèrent conjointement avec M. Rougevin, architecte, le plan d'une nouvelle rue de 12 mètres de largeur qui, remplaçant la rue Pascal, était destinée à communiquer de la rue Mouffetard à celle du Champ-de-l'Alouette.

Leur projet subit diverses modifications, et le 6 mai 1827 fut rendue une ordonnance royale portant :

« Art. 1. — Les sieurs Salleron, Marcellot frères et Rougevin sont autorisés à ouvrir sur leurs terrains, entre les rues Mouffetard, Censier, de Lourcine et du Champ-de-l'Alouette, une rue de 13 mètres de largeur qui, partant

____
1. Lazare, *Dict. des rues et monuments de Paris*, p. 618.

de la rue Mouffetard, vis-à-vis de la rue Censier, aboutira à celle du Champ-de-l'Alouette ; au moyen de quoi lesdits sieurs Salleron, Marcellot et Rougevin sont dispensés de fournir la rue dite Pascal, dont ils devaient livrer le terrain aux termes du contrat de vente domaniale de l'ancien couvent des Cordelières.

« Art. 2. — L'ouverture de ladite rue est déclarée d'utilité publique. »

Cette ordonnance fut immédiatement exécutée et l'on conserva le nom de *Pascal* à la nouvelle voie.

On ouvrit aussi, en 1825, la rue dite des *Cordelières*.

C'est entre la rue de Lourcine et ces rues nouvellement percées (Julienne, Pascal et des Cordelières) que se trouvait les bâtiments de la communauté. Une partie de ces bâtiments fut détruite, l'autre partie servit successivement de fabrique, de maison de refuge, d'hospice pour les orphelins du choléra, enfin d'hôpital dit actuellement de *Lourcine*.

On voit, en effet, ces bâtiments occupés par un tanneur, une blanchisserie et une manufacture de lainages (1).

En 1825, on fit les réparations et constructions nécessaires pour y établir une maison de refuge. Voici les renseignements que nous fournit sur cette maison l'*Almanach royal* de 1831 :

1. J. de Marlès, *Hist. de Paris* ; Béraud et Dufey, *Dict. historiq. de Paris.*

Maison de refuge et de travail pour l'extinction de la mendicité, rue de l'Oursine.

Le but de cet établissement est de procurer du travail aux malheureux qui, s'en trouvant privés, seraient dans le cas de tomber en mendicité, ou qui s'y trouvent déjà. Ils sont logés, habillés et nourris moyennant une légère retenue sur le prix de leur main-d'œuvre. La maison contient 300 lits. Les conditions de l'admission ont été déterminées par un arrêté du conseil provisoire chargé des travaux préparatoires de l'établissement ; ces conditions portent :

La maison de refuge reçoit des internes et des externes.

Elle reçoit comme internes les individus *pouvant travailler*, constitués en état de mendicité, arrêtés sur la voie publique ou recommandés comme n'ayant ni asile, ni ressources. Les internes peuvent toujours sortir de la maison, en prévenant 24 heures d'avance.

Elle reçoit comme externes les individus qui, étant logés au dehors, se trouvent réduits à mendier pour une cause quelconque de détresse temporaire.

Elle n'admet pas : 1° les infirmes hors d'état de travailleur ; 2° les individus atteints de maladies ; 3° ceux qui ne justifient pas d'une résidence de deux ans dans le département de la Seine.

Les mendiants, pour obtenir leur admission, doivent présenter des procès-verbaux ou certificats, émanés d'officiers de police judiciaire, pour attester leur résidence, leur condition antérieure et les circonstances qui les réduisent à la mendicité, ou réclamer à la préfecture de police une carte d'admission.

L'ouverture de cet établissement a eu lieu en novembre 1829. Sa création est due à M. Debelleyme, pendant qu'il était préfet de police, et aux soins de M. Cochin, alors maire du 12ᵉ arrondissement (1), qui a veillé à l'exécution des plans arrêtés à cet effet.

La dépense, qui s'est élevée jusqu'au 28 février 1831 à 571,120 fr. 30, en a été faite avec les deniers provenant de souscriptions volontaires, ouvertes à Paris et remplies par les habitants de cette ville.

L'administration se composait d'un administrateur, qui était M. Debelleyme, d'un conseil de surveillance, composé de treize membres, d'un directeur (M. Bon) et d'un trésorier.

C'est en 1832 qu'on plaça dans cette maison les orphelins du choléra.

Enfin, en 1836, une dernière transformation s'opéra. On ouvrit l'*Hôpital de Lourcine*, destiné aux femmes atteintes de maladies vénériennes.

C'est de cet hôpital que nous allons maintenant nous occuper.

1. Le quartier St-Marcel faisait alors partie du 12ᵉ arrondissement, aujourd'hui il est du 13ᵉ.

Vue générale de l'hôpital de Lourcine, prise du boulevard Arago.

CHAPITRE IV

L'hôpital de Lourcine actuellement situé 111, rue de Lourcine, est compris entre les rues de Lourcine, du Champ-de-l'Alouette, Pascal et Julienne.

Il occupe une partie de l'emplacement du couvent des Cordelières.

L'hôpital du Midi, destiné aux Vénériens, contenait à la fois des malades des deux sexes. Les nourrices infectées par leurs nourrissons, les jeunes filles séduites étaient confondues avec les filles publiques, envoyées par la police.

Pour faire cesser cet état de choses, l'administration fit l'acquisition de la maison, dans laquelle MM. de Belleyme et Cochin avaient voulu faire une maison de refuge et y plaça les femmes vénériennes non inscrites à la police.

Cet hôpital a été inauguré le 28 janvier 1836.

Sa superficie est de 14,724^m 20, dont 2,941^m 58 bâtis et 11,782^m 62 non bâtis.

Il contenait autrefois 276 lits ; dont :

> 73 de médecine
> 177 de chirurgie
> 20 d'accouchement
> 6 berceaux.

Il contient actuellement 225 lits ; dont :

156 de médecine

51 de chirurgie

18 d'accouchement

18 berceaux

Il possède, depuis 1882, une annexe de 60 lits qu'on a appelé *hôpital temporaire de la rue Pascal*, et dont nous aurons l'occasion de parler.

Comme nous l'avons dit, la porte d'entrée de l'hôpital est au numéro 111 de la rue de Lourcine.

De chaque côté de cette porte se trouve un pavillon.

Le bureau du directeur occupe celui qui est à droite, le pavillon situé à gauche est la loge du concierge.

En pénétrant dans la cour, à gauche du concierge, on rencontre successivement le parloir, le bureau de l'économat, la salle des consultations, puis, tout à fait au fond et faisant le coin de la rue Julienne, un petit bâtiment renfermant la salle de garde des internes en pharmacie et celle des internes en médecine.

Un petit bâtiment à un étage, limitant le fond de la cour d'entrée, fait face à la porte et est, par conséquent, parallèle à la rue de Lourcine. On y trouve la pharmacie et ses dépendances, la bibliothèque actuelle des internes, enfin la cuisine, séparée de la bibliothèque par un couloir menant à la grande cour intérieure.

A droite de ce bâtiment, une petite maison, qu'on pourrait qualifier de bourgeoise, sert d'habitation au directeur de l'hôpital.

Pénétrons dans la grande cour intérieure, en traversant le couloir qui sépare la bibliothèque de la cuisine ; nous aurons : à gauche, les bains, qui longent la rue Julienne, au fond, le bâtiment qu'on appelait autrefois bâtiment de la communauté, et dont le rez-de-chaussée est occupé par le personnel actuel. Deux salles de malades, l'une au premier étage, l'autre au second, s'étendent sur toute la longueur du batiment.

A droite, se trouve le bâtiment appelé autrefois bâtiment Ste-Marie, au bout duquel est la chapelle (1).

Ce bâtiment possède une grande salle au rez-de-chaussée et à chacun de ses deux étages. Le pignon de ce bâtiment fait juste face à la grande porte d'entrée de l'hôpital. On le voit, en effet, s'élever au-dessus du bâtiment qui limite la première cour ; aussi est-ce contre lui qu'on a appliqué l'horloge de l'hôpital et son cadran bleu (2).

Le petit bâtiment situé à gauche de la chapelle et qu'on appelait bâtiment St-Jean, contient deux petites salles, au-dessus desquelles se trouve l'ouvroir.

C'est entre le bâtiment Ste-Marie et les terrains dans lesquels on a construit l'hôpital Pascal, que se trouve renfermé le jardin des malades. Toute cette disposition est facile à suivre sur le plan de l'hôpital, dont nous donnons une reproduction réduite.

1. La chapelle actuelle n'offre rien de remarquable ; la messe y est celébrée le jour de Pâques et le jour de Noël.
2. C'est pour cette raison que l'hôpital de Lourcine s'appelle dans l'argot des habituées « le Cadran bleu ».

Les habituées de Lourcine.

Les malades qui viennent se faire soigner à l'hôpital de Lourcine, nous montrent les sujets les plus variés de la prostitution clandestine. La débauche parisienne, du bas au haut de l'échelle, y est représentée dans son entier. Quelques filles, cependant, qu'une ignorance naïve a laissées sans défense, viennent demander des soins, envoyées à Lourcine, la plupart du temps, par les hôpitaux où elles sont allées prendre une consultation (1).

Il est regrettable qu'une fille séduite et en même temps infectée, soit traitée dans les salles communes. Là, en effet, il lui suffit de quelques heures pour comprendre ce qu'elle a ; elle se voit désormais mise au rang des prostituées. Sa désolation est navrante ; mais aux premiers moments de désespoir succède un revirement complet. Elle ne veut pas paraître ridicule aux yeux de ses compagnes et si la pratique de la prostitution lui manque, elle la connaîtra bientôt. Quelques jours seulement, passés dans cette véritable école de la débauche, lui suffiront largement pour savoir où elle trouvera, le jour de sa sortie de l'hôpital, l'abri et le pain dont elle aura besoin.

Si ces sujets sont rares, il s'en présente cependant, chaque année, un nombre suffisant pour qu'on s'en préoccupe. Il me semblerait, de la morale la plus élé-

1. J'ai vu en 1882, une jeune blanchisseuse, vierge, se présenter à l'hôpital avec un chancre syphilitique de l'anus.

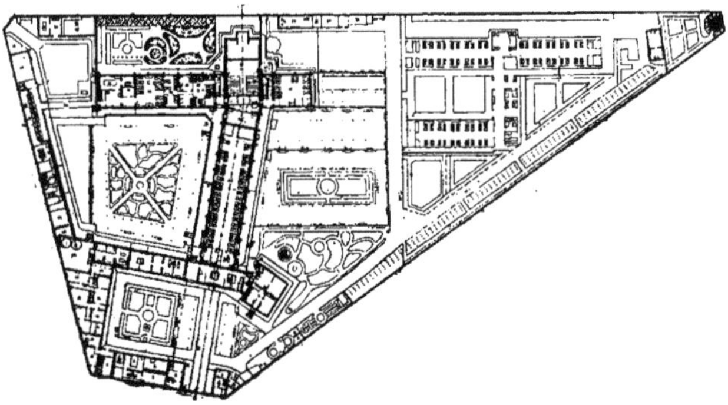

Plan de l'Hôpital de Lourcine.

(La façade représentée par le plus petit côté et donnant rue de Lourcine est située entre la rue Julienne, à gauche et la rue du Champ-de-l'Alouette, à droite.)

mentaire, d'empêcher ces filles de tomber complètement dans la boue, au lieu de les y précépiter. De plus, au point de vue de la prophylaxie de la syphilis, il me paraît urgent de ne pas lancer dans la rue ces filles infectées, qu'on retiendrait d'ailleurs plus facilement à l'hôpital que les vieilles prostituées, et je crois, qu'il ne serait pas impossible d'atteindre ce double but ; leur réhabilitation et leur guérison. Je signale simplement ce fait en passant, laissant au moraliste le soin d'approfondir ces questions.

Service intérieur.

Le service intérieur offrant à l'hôpital de Lourcine quelques particularités, nous avons cru devoir en dire quelques mots.

Les salles ne présentent rien de remarquable ; toutefois les lits y sont en fer, sans montants et sans rideaux, pour que la surveillance puisse embrasser d'un premier regard tous les détails du service.

Les malades portent un costume spécial qui se compose d'un bonnet blanc *obligatoire*, d'une camisole et d'une robe en cotonnade à petits carreaux blancs et bleus. Sur le dos de la camisole se trouvent les initiales de la salle occupée par la malade, et le numéro de son lit.

Le lever se fait à cinq heures du matin. A ce moment, on procède immédiatement au nettoyage de la salle, ce qui conduit à l'heure de la visite du médecin.

L'entrée du médecin dans la salle est signalée par un

coup de sonnette. Ce signal est donné soit par la surveillante, soit par une fille de service. Les malades se mettent alors debout au pied de leur lit, restant là immobiles et dans le plus grand silence, pendant que le médecin, accompagné de ses élèves, fait le tour de la salle.

Ensuite, commence l'examen au spéculum dans un cabinet situé au fond de chaque salle. Un traitement est institué par le chef de service deux fois par semaine, c'est ce qu'on appelle les jours de *grande visite*. C'est d'après ces prescriptions que les pansements sont faits tous les jours par les élèves et les médicaments délivrés par la surveillante.

A dix heures a lieu le déjeuner, après lequel les femmes peuvent aller au jardin jusqu'à une heure de l'après-midi.

Près du jardin existait autrefois une cantine qui était tenue par la concierge et restait ouverte de 8 à 9 heures, de midi à une heure, et de 5 à 6 heures. Cette cantine vient d'être supprimée.

Les femmes sont constamment surveillées, aussi bien dans les salles qu'au jardin. La surveillante arrive dans chaque service à 6 heures du matin, elle en sort à 6 heures du soir. La suppléante de garde prend alors le service de 6 à 8 heures, et le cède à cette heure à la surveillante de nuit, qui le garde jusqu'à 6 heures du matin.

Il existait autrefois un cachot dans lequel on enfermait les femmes indisciplinées. Ce cachot qui était situé au sous-sol, sous un escalier du bâtiment de la communauté, a été supprimé en 1870. Aujourd'hui les peines disciplinaires qui sont infligées consistent, en privation de parloir et expulsion de l'hôpital. Ce dernier mode de punition, ne nous paraît pas idéal, au point de vue de la prophylaxie des maladies vénériennes.

Le coucher à lieu à 7 heures du soir.

Parloir. — Nous avons dit qu'à gauche de la loge du concierge se trouve le parloir. Cette salle possède une porte d'entrée spéciale sur la rue de Lourcine. Les visiteurs sont maintenus à plus d'un mètre de distance des malades et en sont séparés par une grille, qui dans toute la largeur de la pièce monte jusqu'au plafond et sépare complètement le côté du public du côté des malades. Le côté du public est surveillé par le concierge et le côté des malades par une suppléante. Lorsqu'on demande une malade, une fille de service va chercher cette malade dans la salle. Le parloir est ouvert le jeudi et le dimanche, de 1 à 3 heures. Une femme, dont l'état exige le séjour au lit, peut obtenir pour ses parents, l'autorisation d'aller la voir dans la salle. Le directeur accorde aussi aux parents, ce qu'on appelle un *parloir particulier,* c'est-à-dire de voir une malade dans une petite salle spéciale située près du parloir grillé.

Ouvroir. — L'ouvroir dans lequel se fait le raccommodage du vieux linge et le travail nécessaire au remplacement du linge usé, a été créé en 1847 et ouvert le 1er mars de la même année. Ce travail est facultatif, les femmes qui consentent à le faire reçoivent une rétribution. Les malades touchent cinq centimes par heure pour les raccommodages ; le travail dans le linge neuf est payé à la pièce.

L'ouvroir a été réinstallé sur un pied nouveau, le 14 mars 1889. Il est ouvert actuellement aux heures suivantes : de 7 1/2 à 9 1/2 ; de 11 1/2 à 3 1/2 ; enfin de 5 à 6 heures du soir.

Salle pour les enfants. — Il existe une salle spéciale pour les petites filles au-dessous de 15 ans, soit atteintes de de syphilis héréditaire, soit victime d'un viol, soit présentant des habitudes vicieuses.

Avant la laïcisation, ces enfants occupaient la salle Ste-Thérèse. Cette salle ayant été fermée au moment du départ des religieuses, on a mis les petites filles à la salle Bouley, qui contient 14 lits. Elles se lèvent à 5 heures et se couchent à 6 heures du soir. La sous-surveillante institutrice leur fait une leçon de midi à 1 heure. De 1 à 4 heures, elles vont au jardin.

Service d'accouchement. — Ce service est une annexe du service du chirurgien attaché à l'hôpital. On y reçoit les syphilitiques à terme envoyées par la Maternité ou par la clinique d'accouchement. On y reçoit également, quand elles sont à terme, les femmes syphilitiques enceintes, soignées dans les autres services de l'hôpital.

Ce service, situé à la salle Fracastor, comprend 18 lits et 18 berceaux.

Il existe à l'hôpital, un crédit de 200 fr. par an, pour secours aux accouchées, quand elles sortent de l'hôpital.

Il y eut pendant l'année 1888, 79 accouchements, en 1887, 75, et en 1889 jusqu'au 20 décembre, 74. Comme on le voit, ce chiffre varie peu.

SERVICE MÉDICAL

Au moment de la fondation de l'hôpital, le service médical était fait par un médecin et deux chirurgiens.(Voir la liste des médecins et chirurgiens, que nous donnons plus loin).

Un changement eu lieu en 1871. Le service médical fut alors confié à deux médecins et à un seul chirurgien.

Actuellement, les deux médecins sont MM. Balzer et de Beurmann et le chirurgien, M. Pozzi. ✽

A chaque chef de service, était attaché un interne en médecine et un interne en pharmacie, ce qui faisait en tout, trois internes en médecine et trois internes en pharmacie ; mais depuis quelques années, le service de gynécologie de M. le Dr Pozzi, prenant de jour en jour une importance plus grande, deux internes titulaires et un interne provisoire devinrent nécessaires au bon fonctionnement de ce service.

Il existe des élèves externes depuis 1840.

Salle de garde des internes en médecine. — Autrefois, les internes en médecine possédaient une salle de garde de quelques mètres carrés, qui servait en même temps de salle à manger, de bibliothèque et de chambre à coucher pour l'interne de garde. Depuis quelques années (1886), la chambre de garde est située dans le bâtiment du personnel. Une bibliothèque contenant un grand nombre d'ouvrages sur la gynécologie et les maladies vénériennes, vient d'être ouverte en juin 1889, dans l'ancienne salle de cours.

Depuis le mois de janvier 1889, la bibliothèque des internes s'est enrichie de nombreux ouvrages que lui avait légués M. le Dr Martineau.

En parcourant la liste des internes de Lourcine, depuis la fondation de cet hôpital, nous avons relevé les noms suivants, que nous nous empressons de citer :

1836	—	Gosselin
1840	—	Sappey
1844	—	Cusco
1849	—	Vulpian
1851	—	Axenfeld
1868	—	Malassez.

Laboratoires. — Chaque service possède aujourd'hui un laboratoire bien agencé. Il existe même un laboratoire de photographie, ce qui permet de conserver sur un album, les cas curieux qui ne mériteraient pas la dépense du moulage.

C'est dans ces laboratoires, que furent faites, il y a quelques années, des expériences dont les résultats ont été publiés dans le *Dictionnaire encyclopédique des sciences médicales*, à l'article *Syphilis des animaux* (1).

1. Dechambre. Art. *Syphilis.*

30 avril 1882. Injection dans la région pénienne d'un porc d'une certaine quantité de liquide de culture contenant des bactéridies.

16 novembre 1882. Inoculation sur un singe macaque.

On y trouve en effet le résumé des communications faites par MM. Martineau et Hamonic, sur la syphilis du porc et du singe.

Quelques pièces moulées, commencement d'une collection qui peut devenir très-intéressante, sont conservées dans un de ces laboratoires.

Consultations pour les malades du dehors. — Jusqu'à ces derniers temps, les consultations avaient lieu les mardis, jeudis et samedis de 9 h. à 11 h.

Depuis le 1er mars 1888, on a jugé nécessaire de donner des consultations tous les jours, excepté le dimanche. Après chaque consultation, les médicaments sont délivrés au malades du dehors.

Voici, actuellement, comment les consultations sont réparties entre les différents services.

Médecine
- Lundi, Jeudi : M. Balzer.
- Mardi, Vendredi : M. de Beurmann.

Chirurgie
- Mercredi, Samedi : M. Poziz.

Le nombre de consultations données à l'hôpital de Lourcine, oscille entre 350 et 400 par mois.

Nombre des entrées.

On aura une idée du nombre de malades, qui entrent chaque année à l'hôpital de Lourcine, en consultant le tableau suivant, que nous avons dressé, d'après le registre des entrées, depuis 1878 jusqu'au 20 décembre 1889.

1878 — 1471 Entrées.
1879 — 1782 —
1880 — 1904 —
1881 — 1968 —
1882 — 2235 —
1883 — 1912 —
1884 — 1810 —
1885 — 1500 —
1886 — 1661 —
1887 — 1762 —
1888 — 1832 —
1889 — 2036 jusqu'au 20 décembre.

Personnel au moment de la fondation.

Au moment de la fondation de l'hôpital, c'est-à-dire en 1836, le personnel comprenait :

Service administratif.
{
Un directeur,
Un commis,
Un expéditionnaire,
Un garçon de bureau,
Un aumônier (1).

L'hôpital était desservi par les sœurs de la Compassion, dont la maison mère était à Saint-Denis.

1. Il n'y a eu que deux aumôniers : M. l'abbé Lacroix de 1837 à 1851 et M. l'abbé Sabatier de 1851 à 1883 époque à laquelle l'aumônerie a été supprimée.

10 religieuses : 1 supérieure (1) qui adressait à l'administration un rapport d'après celui des salles et des services généraux.

1 pour le service du magasin,
1 pour la cuisine,
1 pour la lingerie,
1 pour le parloir,
5 pour le service des salles.

Service des salles						
Salle Ste-Marie	1 religieuse	2 infirmières
— St-Clément	1	»	2	»
— St-Alexis	1	»	2	»
— St-Louis	1	»	2	»
— St-Bruno — Ste-Thérèse	1	»	4	»

A partir de juillet 1841, on accorda une sœur en plus pour la salle Ste-Thérèse. Total : 11 religieuses.

A partir du 22 janvier 1846 il y eut une 12ᵉ religieuse pour l'ouverture des salles St-Ferdinand et St-Jean. Une infirmière fut chargée du service de ces deux salles et une troisième infirmière fut placée à la salle Ste-Marie.

Nous trouvons une 13ᵉ religieuse à partir du 1ᵉʳ mars 1847, époque de la création de l'ouvroir.

Au moment de la laïcisation, il existait une religieuse par salle, sauf à la salle St-Clément, où il y en avait

1. La supérieure fut depuis la fondation jusqu'à 1839, la sœur St-Clément, née Ferrand; à partir de 1840 jusqu'au moment de la laïcisation, la supérieure fut la sœur St-Alexis, née Hist.

deux, puis deux religieuses à la cuisine, deux à la lingerie et deux à l'ouvroir.

Services généraux en 1836 :

- 1 homme de magasin,
- 1 tisanier,
- 1 garçon de pharmacie,
- 1 garçon de cuisine,
- 1 fille de cuisine,
- 1 laveuse de vaisselle,
- 1 garçon de lingerie,
- 2 filles de lingerie,
- 1 fille de bains,
- 1 laveuse de compresses (1),
- 1 garçon de fourneau,
- 1 garçon de chantier,
- 1 allumeur et propreté,
- 1 charretier et cours,
- 1 homme de peine,
- 1 garçon portes et parloir,
- 1 portier,
- 1 portière,

1. Le linge à pansement seul est blanchi dans l'établissement. Le reste du linge est blanchi à l'hôpital Cochin.

Noms des salles avant la laïcisation et depuis la laïcisation.

	Avant	Depuis	Nombre de lits
Service de chirurgie	Salle Ste-Marie.	Fracastor	18 accouch. / 18 berceaux / 15 pour les véné riennes.
	— St-Bruno..	Van Swieten	36
Service de médecine	— St-Alexis..	Nathalis Guillot	46, autrefois 50
	— St-Louis..	Cullerier	36
Service de médecine	— St-Clément.	Astruc	48 ,autrefois 54
	— St-Ferdinand	Goupil	12
	— St-Jean.....	Bouley	14 actuellement pour les enfants
	— Ste-Thérèse.	Supprimée depuis la laïcisation. Sert au logement du personnel. Cette salle était autrefois celle des enfants.	

Personnel depuis la laïcisation (1).

Service des salles	Chirurgie	1 surveillante / 1 suppléante	
	Médecine (deux services)	2 surveillantes / 2 suppléantes / 1 sous-surveillante (institutrice pour les enfants).	2 infirmières par salle
	Service de nuit	1 sous-surveillante / 1 infirmière	

Cuisine..........	1 surveillante........	1 garçon
	1 suppléante........	3 filles de service
Lingerie..........	1 surveillante........	3 filles de service
Bains	1 sous-surveillante....	1 fille de service / 1 chauffeur / 1 homme de peine
Ouvroir..........	1 sous-surveillante....	
Pharmacie........	1 s.-surv. (1er garçon).	1 tisanier
Porte............	1 sous-surveillant. (concierge). / 1 sous-surveillante (concierge).	

Il existe de plus, une sous-surveillante de remplacement, une suppléante pour le jardin, un sous-surveillant, garde magasin.

1. La laïcisation eut lieu au mois de mai 1882.

HYGIÈNE

Service des eaux.

D'après les documents relatifs aux eaux de Paris, en 1816 (1), voici la quantité maxima d'eau dépensée en temps normal à l'hôpital de Lourcine :

Consommation générale par jour	20,000 litres.
Nombre de lits, non compris les berceaux	250 »
Consommation journalière par lit	80 »

Il existait à cette époque deux grands réservoirs d'une capacité totale de 43,000 litres et quatre réservoirs de 1350 litres.

Aujourd'hui, l'abonnement d'eau de source, consenti par la Ville de Paris, par jour, est, pour l'hôpital de Lourcine, de 100 hectolitres. C'est en eau de la Vanne que cet établissement est alimenté. Des compteurs enregistrent chaque année la consommation et le paiement de l'excédent de la quantité prévue par l'abonnement est fait par l'Administration.

1. Husson, *Etude sur les hôpitaux*, p. 549.

Voici le relevé de l'année 1888 (hôpital Pascal compris) :

Janvier	1678 mètres cubes		Juillet	1419 mètres cubes
Février	2173	»	Août	1418 »
Mars	3280	»	Septembre 2785	»
Avril	1838	»	Octobre 1310	»
Mai	2537	»	Novembre } 2167	»
Juin	3588	»	Décembre }	

Rattachons au service des eaux les installations de lavabos. Les lavabos sont placés, ainsi que les cabinets d'aisance, dans des bâtiments bien aérés, complètement indépendants des salles. Chaque malade se lave au robinet et à l'eau courante.

AÉRATION

Orientation et dimensions cubiques des Salles de malades dans l'Hôpital de Lourcine.

Orientaton de la façade principale	Désignation et Orientation des bâtiments ou pavillons	Indication des étages composant chaque bâtiment ou pavillon	Nombre de fenêtres.	Nombre des salles.	Nombre des lits.	Cube d'air totale pour chaqu. étage	Cube d'air afférent à chaque lit.
	Bâtiment Ste-Marie...............	Rez-de-chaussée	14	1	36	1410.900	39.191
	Sud-Sud-Ouest	1er étage..............	18	1	54	1770.570	32.788
	Nord-Nord-Est...................	2e étage mansardé.....	18	1	50	1485.130	29.702
Ouest-Nord-Ouest	Bâtiment de la communauté (1).....	Rez-de-chaussée (2)....	4	1	7	202.490	28.927
	S.-S.-E.......................	1er étage............	19	1	37	1212.330	32.765
	O.-N.-O.......................	2e étage..............	19	1	38	1151.370	30.299
	Bâtiment St-Jean.................	Rez-de-chaussée.......	4	1	11	465.940	42.358
	S.-S.-E.......................	1er étage.............	4	1	15	398.850	26.590
	O.-N.-O.......................						

Résumé moyen : Nombre de mètres cubes d'air d'après le nombre effectif des lits : 32,641.

1. C'est le bâtiment du personnel depuis la laïcisation.
2. Cette Salle, qui était la Salle Ste-Thérèse, n'existe plus depuis la laïcisation.

Chauffage.

Le chauffage au moyen des poëles calorifères est appliqué à l'hôpital de Lourcine.

Les poëles calorifères sont des poëles de grande dimensions perfectionnés par l'addition d'une prise d'air.

L'air extérieur arrive dans une double enveloppe au contact des parois de l'appareil, s'y échauffe et se répand ensuite dans la salle en produisant une certaine ventilation.

Cette ventilation varie beaucoup et dépend notamment de la fermeture plus ou moins hermétique des portes et des fenêtres ; pour un bon fonctionnement, il convient que la salle soit pourvue d'une cheminée, ou mieux de gaînes de ventilation, ou tout au moins qu'elle soit en communication avec la cage de l'escalier, de façon à produire, de l'intérieur à l'extérieur, un appel d'air vicié et à permettre ainsi l'introduction de l'air neuf. (1)

Bains.

On ne délivrait autrefois que des bains internes.

Voici d'après Husson, (2) le nombre des bains délivrés en 1861 :

Bains internes	Simples	16.000
	Médicamenteux	3.000

Il existait à cette époques 22 baignoires.

Une nouvelle installation, plus conforme aux besoins

1. *L'administration de l'assistance publique en 1889*, p. 139.
2. Husson, *Etude sur les Hôpitaux*, 1862.

de l'hygiène et des traitements par l'hydrothérapie, fut faite en 1885.

Le service des bains externes fut ouvert le 19 octobre 1885.

Ces bains sont délivrés le matin de 7 heures à 11 heures. Il existe une porte d'entrée spéciale s'ouvrant rue Julienne.

Les bains de l'après-midi sont réservés aux femmes en traitement à l'hôpital.

Ce service comprend :

Une salle d'attente, pouvant contenir une trentaine de personnes et servant principalement le matin à l'heure des bains externes.

Une salle de 20 baignoires, séparées par des cloisons en bois, qui forment dix cases de chaque côté de la salle. Ces cases sont fermées en avant par des rideaux mobiles sur une tringle,

Au fond de cette salle existent deux cabinets réservés aux employés de l'hôpital et contenant chacun une baignoire

A gauche de la salle d'attente se trouve un cabinet pour la *frotte*, communiquant avec une petite salle de quatre baignoires réservées aux galeuses.

Au fond de la salle d'attente, on entre dans un déshabilloir de 10 cases, servant pour les salles d'hydrothérapie. Là se trouve aussi un lit prêt à recevoir une malade, en cas d'indisposition subite.

A gauche et au fond de ce déshabilloire dans une série de cabinets sont installés les appareils variés de l'hydrothérapie : Douches sulfureuses, bidets, douches froides, (jet, pluie, cercle), douches écossaises, bains de vapeur, fumigations.

Bain de siège, sudation, siège à douche ascendante, etc.

Des armoires sont admirablement installées pour chauffer le linge.

Il y a dans le sous-sol une étuve pour la désinfection des vêtements et de la literie. Cette étuve est chauffée par la vapeur, à chaleur sèche.

Plus loin se trouve la machine à vapeur. Au dessus de cette machine existe un réservoir d'eau contenant environ 14,000 litres.

Le personnel des bains se compose d'une sous-surveillante, d'une baigneuse, d'un chauffeur et d'un homme de peine.

Nous avons tenu à visiter toutes les salles et tous les cabinets et nous avons constaté que tout y était d'une propreté remarquable.

Les murs et les voutes sont recouverts de carreaux de faïence d'un nettoyage facile.

Voici, depuis la nouvelle installation, le nombre de bains délivrés à l'hôpital de Lourcine :

Bains internes, 1886	26142
1887	26729
1888	23644
1889 jusqu'au 18 décembre	24141
Bains externes, 1886	6214
1887	8863
1888	12938
1889 jusqu'au 18 décembre	14802

On voit la progression croissante du nombre des bains externes depuis l'ouverture de ce service.

MORTALITÉ

Nous donnons, d'après Husson, la mortalité constatée à l'Hôpital de Lourcine depuis la fondation, jusqu'au 31 décembre 1861. Toutefois, il est bon de savoir, que l'administration a établi en 1848, à titre d'essai, un service de médecine pour les maladies aigües. Ce service fut abandonné deux ans après.

| | MORTALITÉ | | | | SERVICES RÉUNIS | | | |
| | Médecine | | Chirurgie | | Admissions | Décès | Mortalité | |
	1 sur	0/0	1 sur	0r0			1 sur	0r0
De 1836 à 1829	»	»	»	»	7083	164	43.18	2.32
De 1840 à 1849	5.34	0.18	24.58	4.06	17299	683	25.32	3.94
De 1850 à 1859	»	»	32.07	3.03	13958	422	32.97	3.83
1860 et 1861	»	»	32.06	3.12	2309	72	32.06	3.12
Total					40649	1341	30.31	3.30

Voici le relevé de la mortalité depuis 1878.

	Femmes adultes	Enfants	Mort-nés	TOTAL
1878	6	28	17	61
1879	4	40	16	60
1880	8	42	20	70
1881	6	31	19	56
1882	3	38	24	65
1883	4	20	30	64
1884	4	24	33	61
1885	1	21	22	54
1886	3	16	35	54
1887	2	14	31	47
1888	6	10	17	33
1889	7	18	26	51

Dépenses ordinaires

Pour donner une idée des dépenses ordinaires de l'hôpital de Lourcine, faisons le relevé de quelques années. Nous trouvons qu'en 1861, la dépense générale s'élève à 177.453 fr. 76 (1).

1. Husson, *Etude sur les hôpitaux*, 1862.

Compte financier. Dépenses ordinaires.

	1878	1880	1881	1882	1885	1886	1887
1. Dépenses générales d'administration..............	7.780,30	9.035,73	9.582,20	9.849,35	9.835,80	9.848,75	9.622,30
2. Réparation de bâtiments et frais de loyers............	34.614,86	24.311,12	21.190,69	38.539,70	21.585,37	22.046,51	10.551,78
3. Frais de traitement........	39.948,47	42.989,79	44.109,75	57.016,96	75.531,40	83.310,83	87.546,47
4. Frais de nourriture........	111.014,79	116.350,07	122.818,41	118.383,38	118.719,78	113.303,53	113.728,28
5. Combustibles..............	16.704,50	19.767.61	19.632,99	18.683,81	28.925,90	28.138,55	26.940,34
6. Entretien et renouvellement du matériel..............	24.352,49	21.783,86	25.292,33	43.151,92	41.848,05	46.413,00	46.559,51
7. Frais accessoires du matériel.....................	13.336,88	14.280,89	12.277,20	13.772,71	14.598,34	14.116,30	11.109,62
8. *Total général*..............	247.772,29	247.549,07	254.628,64	299.427.83	311.044,64	317.177,47	318.058,30

' Compte financier 1888. Dépenses ordinaires

Personnel administratif.	7.934,73	9.028,98
Frais de bureau et d'adjudication.......	1.094,25	
Réparations des bâtiments..............	23.780,38	23.730,38
Personnel attaché au serv. des administ..	47.589,44	
Service de la Pharmacie...............	28.456,80	90.869,81
Bandages, objets de pansement.........	14.823,57	
Service de la boulangerie..............	14.572,40	
Service de la boucherie...............	34.697,22	102.640,18
Service de la cave,...................	21.680,00	
Comestibles	31.690,56	
Chauffage et Eclairage.................	27.962,32	27.662,32
Blanchissage	13.143,25	
Coucher, Linge, Habillement...........	27.228,77	50.729,94
Mobilier..............................	10.357,92	
Frais de transport....................	175,40	15.742,71
Frais de loyers. Eaux. Salubrité. Divers..	15.567,31	
Total général..........		320.404.32

On trouve dans les *Dépenses extraordinaires. Exercice
1888.* Construction d'une baraque annexe au service de
chirurgie de Pascal : 8.545 fr. 32.

Le prix moyen de la journée était en 1855 : 1 fr. 9293
en 1888, il est de 3 fr. 30.

Liste des Directeurs, Médecins, Chirurgiens et Pharmaciens de l'Hôpital de Lourcine depuis sa fondation (1).

Années	Directeurs	Médecins	Chirurgiens		Pharmaciens
1836	Pierret	Gibert	Robert	Michon	Foy
1837	Recoing	»	»	»	Capitaine
1838	»	»	»	»	»
1839	»	»	»	Vidal de Cassis	»
1840	»	»	Malgaigne	»	» (2)
1841	»	Hourmann	Lenoir	»	»
1842	»	»	Huguier	»	Grassi Fortineau (à partir d'avril)
1843	»	Bazin	»	Malgaigne (remp. par M. Cullerier)	Lutz
1844	Lapaume	»	»	»	»
1845	»	»	»	Denouvillers	»
1846	»	Hardy	»	» (3)	»
1847	»	»	Chassaignac	»	»

1. C'est dans l'*Almanach Royal* que nous avons trouvé les noms des Médecins, etc., de 1836 à 1839, les Archives de l'Hôpital de Lourcine ne possédant rien qui soit antérieur à 1839.

2. En 1840, pendant les vacances, M. Capitaine est remplacé par son interne, M. Chartin, qui fut pendant longtemps directeur de l'Ecole de pharmacie de Paris et qui, encore aujourd'hui, en est le directeur honoraire.

3. En 1846, parmi les noms des externes de M. Denouvillers, nous trouvons celui de M. le professeur A. Fournier.

Années	Directeurs	Médecins	Chirurgiens		Pharmaciens
1848	Lapaume	Marotte	Chassaignac	Cullerier	Lutz
1849	»	Gueneau de Mussy	Jarjavay	»	»
1850	»	»	Richet	»	»
1851	»	»	»	»	Dublanc (Ph^{en}. provisoire)
1852	»	Legendre	Gosselin	»	Réveil
1853	Lœuillard d'Avrigny	»	»	»	»
1854	»	Bernutz	»	»	»
1855	»	»	Morel Lavallée	»	»
1856	Clément	»	»	Jarjavay	Roussel
1857	»	Lassègue	»	»	»
1858	»	»	»	»	»
1859	»	Lailler	Alph. Guérin	»	Morin
1860	»	»	»	Desormeaux	»
1861	»	Matice	»	Ad. Richard	»
1862	»	Goupil	Verneuil	»	»
1863	»	Simonet	»	Bauchet	»
1864	»	»	»	»	»
1865	Duval	Jaccoud	Dolbeau	Panas	»
1866	»	»	Després	»	»
1867	»	Luys	»	Liégeois	»
1868	»	Fournier	»	{Péan	»
1869	»	»	»	»	»
1870	Lacaux	»	»	»	Prunier

Années	Directeurs	Médecins		Chirurgiens	Pharmaciens
1871	La Caux	Fournier	Dumontpallier	Duplay	Prunier
1872	»	»	»	»	»
1873	»	»	Blachez	Dubreuil	»
1874	Bourriot	»	Lancereaux	»	Portes
1875	»	»	»	»	»
1876	»	Cornil	Ball	Perier	»
1877	»	»	Martineau	Th. Auger	»
1878	»	»	»	»	»
1879	Gallet	Gouraud	»	Nicaise	»
1880	»	Gouguenheim	»	Terrillon	»
1881	»	»	»	»	»
1882	»	Rathery	»	Berger	»
1883	Bouytaud	Hutinel	»	Pozzi	»
1884	»	»	»	»	»
1885	Parturier	Balzer	»	»	»
1886	»	»	»	»	»
1887	»	»	»	»	»
1888	Richer	»	»	»	»
1889	»	»	de Beurmann	»	Gasselin

Hôpital temporaire de la rue Pascal.

Sur les terrains attenant à Lourcine et compris entre la rue Pascal et la rue du Champ-de-l'Alouette, ont été construits, il y a quelques années, des baraquements, complètement indépendants de l'hôpital affecté aux maladies vénériennes.

Ce service, portant le nom d'*hopital temporaire de la rue Pascal*, a été ouvert en novembre 1882.

On ouvrit une porte rue Pascal et un concierge y fut installé.

Cet établissement contient 60 lits répartis en trois salles :

Salle A. Gynécologie   20 lits.
Salle B. Médecine   20 lits.
Salle C. Médecine   20 lits.

Une salle de consultation, précédée d'une salle d'attente, a été établie près de la porte de la rue Pascal.

Les consultations ont lieu les jours suivants :

Lundi } médecine.
Samedi }
Mardi   chirurgie.

Le service médical de l'hôpital Pascal est fait par les médecins et le chirurgien de Lourcine ; c'est-à-dire que chaque chef de service de Lourcine est chargé d'une salle à Pascal.

Services de médecine. — Les services de médecine comprenant les salles B et C n'offrent rien de particulier. On y trouve les mêmes malades que dans toutes les salles de femmes des hôpitaux généraux. Au bout de chaque salle se trouvent les cabinets d'aisance, les lavabos et une chambre d'isolement contenant un lit. Le service des salles B et C est fait par :

> 1 sous-surveillante
> 1 suppléante
> 2 infirmières
> 2 veilleuses.

Service de gynécologie. — Ce service comprenant 20 lits (salle A) ne reçoit pas de malades du Bureau central. Il est confié au chirurgien de l'hôpital de Lourcine. Notre maître M. le Dr Pozzi, en est le titulaire depuis sa création, Il n'y a pas de jour où des améliorations ne soient apportées à ce service.

C'est sur les indications de M. Pozzi, qu'ont été aménagées, d'après les principes de l'antisepsie, la salle de spéculum et de cours et la salle d'opérations. C'est dans cette salle qu'on a fait la première application du système de revêtement en glace des murs des salles d'opérations (1).

En dehors de la salle commune contenant 20 lits, il existe quatre chambres pour les nouvelles opérées. Le pansement des opérées est fait avec le plus grand soin. Ces pansements sont faits généralement dans la salle de spéculum. Un chariot, que fit construire M. Pozzi, vient prendre la malade dans la salle A et l'amène sans la

1. Cette salle fut ouverte en novembre 1887.

moindre secousse sur la table à spéculum qui est de la même hauteur. Le pansement terminé, la malade est ramenée à son lit, toujours par cet ingénieux moyen de transport.

Le personnel du service de gynécologie comprend :

1 surveillante

2 premières infirmières

2 filles de jour

2 veilleuses } 1 pour la salle / 1 pour les chambres.

Bains. — Il existe une salle de bains contenant deux baignoires. L'aménagement de ce service laisse beaucoup à désirer.

Aération. — D'après les mesures que nous avons prises, chaque salle contient environ 700 mètres cubes d'air ; ce qui fait 35^{mc} par lit.

Service des eaux. — Ce service est commun avec celui de l'hôpital de Lourcine.

Nombre des entrées. — La première entrée eut lieu le 6 novembre 1882.

1882,	86 entrées
1883,	303 —
1884,	428 —
1885,	424 —
1886,	509 —
1887,	561 —
1888,	504 —
1889,	581 (jusqu'au 20 décembre)

Mortalité. — Nous avons relevé le nombre des décès depuis l'ouverture de l'établissement.

1882,	28 décès
1883,	93 —
1884,	106 --
1885,	79 —
1886,	63 —
1887,	71 —
1888,	55 —
1889,	54 (jusqu'au 21 décembre)

Dépenses. — Depuis 1882, les dépenses de l'hôpital Pascal sont comprises, sur les comptes financiers de l'Administration, dans celle de l'hôpital de Lourcine.

TABLE

Paris. — Imprimerie de la Faculté de médecine, 15, rue Racine.

Paris, Imprimerie de la Faculté de Médecine, H. JOUVE, 23, rue Racine.